BIBLIOTHÈQUE

DES

ÉCOLES CHRÉTIENNES

APPROUVÉE

PAR Mgr L'ARCHEVÊQUE DE TOURS

2e SERIE

Bambo tomba un des premiers, frappé par le coup de fusil
du capitaine.

L'ENFANT
DE TROUPE

SOUVENIRS ÉCRITS

SOUS LA DICTÉE D'UN VIEIL INVALIDE

PAR

JUST GIRARD

TOURS

Aᴰ MAME ET Cⁱᴱ, IMPRIMEURS-LIBRAIRES

M DCCC LVIII

L'ENFANT DE TROUPE

CHAPITRE I

LE PETIT ORPHELIN CRÉOLE DE SAINT-DOMINGUE
PENDANT LA RÉVOLUTION.

Je suis né à Saint-Domingue en 1792 ou 1793. Je
ne saurais mieux préciser l'époque de ma naissance,
et moins encore donner des détails sur ma famille,
car je ne l'ai jamais connue, même de nom. Tout
ce que j'ai pu apprendre, comme on le verra plus
tard, c'est que mes parents appartenaient à la race
blanche, qu'ils étaient de riches planteurs de l'île,
et qu'ils furent massacrés par les noirs révoltés dans
les premières années de la révolution. J'étais destiné à subir le même sort, car les enfants des blancs
n'étaient pas plus épargnés que leurs pères (1); mais

(1) Le 22 août 1791, à dix heures du soir, tous les esclaves de
l'habitation Turpin se soulevèrent, sous la conduite du nègre Bouk-
mann, entraînèrent avec eux les nègres des habitations voisines,

je fus sauvé par ma nourrice, brave négresse, dont le dévouement sut me soustraire aux bourreaux de ma famille. Elle m'éleva dans sa case avec deux petits négrillons, ses enfants, que je regardai long-temps comme mes frères ; et pour mieux me soustraire aux dangers auxquels pouvait m'exposer ma couleur, elle me teignit en noir tout le corps avec le suc de certaines herbes qu'elle connaissait. De temps en temps elle avait soin de renouveler cette opération, ce qui, joint à l'action brûlante du soleil des tropiques, avait fini par donner à ma peau une teinte, sinon parfaitement noire, au moins d'un brun assez foncé pour ôter à l'œil le plus exercé le soupçon de mon origine européenne.

Grâce à ces précautions, les premières années de mon enfance se passèrent assez paisiblement, malgré les désordres affreux auxquels l'île était en proie. En effet, on se ferait difficilement une idée de l'état épouvantable où la colonie fut réduite quand les idées révolutionnaires qui à cette époque agitaient la métropole y eurent pénétré. La population était alors divisée en trois races : les *blancs* ou *créoles ;* les *hommes de couleur,* dénomination sous laquelle on comprenait les mulâtres et les noirs libres ; et les *esclaves,* appartenant tous à la classe noire. Le

---

et envahirent les environs du Cap, massacrant tous les blancs qu'ils purent surprendre, et portant comme trophées, et comme emblème de leurs projets de vengeance, le cadavre d'un enfant blanc au bout d'une pique. Ce fut là le signal et le commencement des massacres.

ELIAS REGNAULT, *Histoire d'Haïti* (Saint-Domingue).

nombre des individus des différentes races était
évalué à environ trente mille blancs, vingt-huit
mille hommes de couleur et cinq cent mille esclaves.

Les blancs et les mulâtres saluèrent avec un égal
enthousiasme la révolution française, mais avec des
vues bien différentes. Les colons, fiers de leurs ri-
chesses, seigneurs absolus de vastes domaines où
ils régnaient sur des milliers d'esclaves soumis,
étaient las depuis longtemps du joug de la métropole. Ils voyaient dans la révolution un signal de
régénération, un moyen de s'affranchir de la domination de la mère patrie, et de conquérir leur
indépendance comme les États-Unis avaient récemment conquis la leur. Ils comptaient donc se gouverner par eux-mêmes, et voter leurs lois et leurs
impôts; mais il ne leur venait pas dans l'idée que
les priviléges qu'ils réclamaient pour eux-mêmes
pussent être applicables aux mulâtres; ceux-ci, en
effet, avaient été jusque-là régis par une législation
différente de celle des créoles. Ils étaient exclus de
toutes les charges publiques et de toutes les pro-
fessions libérales : ils ne pouvaient être ni avocats,
ni médecins, ni prêtres, ni pharmaciens, ni insti-
tuteurs.

Mais ce que les blancs ne pouvaient comprendre,
les mulâtres le comprenaient parfaitement. Ils sen-
taient fort bien que si les créoles, en vertu des droits
du citoyen, voulaient se gouverner par eux-mêmes,
ils pouvaient bien, eux mulâtres, en vertu de leurs

droits d'hommes libres, faire entendre leurs voix et compter pour quelque chose.

Enfin, pour que rien d'étrange ne manquât à cet ensemble de vanités, tandis que les blancs regardaient la prétention des mulâtres comme une monstruosité, ceux-ci n'imaginaient pas que les nègres dussent être libres ; sous ce rapport, blancs et mulâtres étaient d'accord, et l'affranchissement des esclaves paraissait aux uns et aux autres une anomalie si extraordinaire, qu'ils n'en admettaient pas même la possibilité.

En même temps que ces idées d'indépendance et de jouissance des droits du citoyen agitaient en sens divers la population libre de Saint-Domingue, les idées de liberté et d'affranchissement de l'esclavage commençaient à pénétrer dans la race noire, malgré son abrutissement et son ignorance. Des émissaires du fameux club des *Amis des Noirs,* formé à Paris dès le commencement de la révolution, s'étaient chargés de les éclairer ; et quand Robespierre s'écria du haut de la tribune de l'Assemblée nationale : « Périssent les colonies plutôt qu'un principe! » ces paroles incendiaires eurent un retentissement sinistre au delà de l'Atlantique ; les esclaves comprirent qu'elles ne signifiaient autre chose que : « Périssent les blancs plutôt que les noirs! » C'était là en effet, sous le rapport moral, ce que voulait dire cet atroce quiproquo ; sous le rapport politique, c'était une absurde niaiserie ; car les colonies aussi sont un principe.

Si l'on ajoute à tant d'aliments inflammables les excitations de toute nature apportés dans la colonie par les nouvelles de tout ce qui se passait dans la métropole, l'abolition de la noblesse et des priviléges, le renversement de la royauté, la proclamation de la république, la guerre avec toutes les puissances de l'Europe, on concevra de quels désordres épouvantables Saint-Domingue dut être le théâtre. Je n'ai pas à raconter ici ce drame sanglant, qui pendant plusieurs années ne fut qu'un mélange effrayant de massacres, d'incendies et d'atroces cruautés. D'ailleurs ces événements n'ont laissé aucune trace dans mes souvenirs. Tout ce que je me rappelle, c'est que je passais une partie de mes journées à courir avec mes frères de lait sur la plage pour ramasser les coquillages que la mer y laissait en se retirant, ou bien que nous nous baignions dans les flots de l'Artibonite, sur les bords de laquelle était bâtie notre case. D'autres fois nous nous amusions à grimper sur les arbres pour cueillir des fruits ou dénicher des oiseaux, ou j'aidais mes jeunes compagnons à arracher des patates ou à écraser du maïs; mais je ne me livrais à ce genre d'occupation qu'en cachette de ma nourrice, parce qu'elle ne voulait pas que *petit maître* travaillât : c'était sous ce nom qu'elle et ses enfants me désignaient toujours.

Ma vie se passait ainsi dans l'insouciance et dans l'ignorance la plus complète. Je ne parlais d'autre langage que l'espèce de patois créole dont se ser-

vent les nègres, et je n'avais reçu d'autre instruction que celle que pouvait me donner ma nourrice,
fort ignorante elle-même, comme le sont toutes les
négresses. Cependant elle m'a appris une chose que
je n'ai jamais oublié, c'était à faire le signe de la
croix et à réciter en français le *Pater* et l'*Ave*.
Chaque soir avant de nous coucher, chaque matin
dès que nous étions éveillés, elle nous faisait faire
cette courte prière, et j'en avais pris tellement l'habitude, que je n'y ai presque jamais manqué, même
à une époque de ma vie où la religion était pour
moi la chose la plus indifférente.

Cependant les désordres qui depuis tant d'années
affligeaient la malheureuse colonie semblaient être
arrivés à leur terme. Les blancs et les hommes de
couleur avaient succombé dans la lutte contre les
noirs, dix fois plus nombreux qu'eux. Mais parmi ces
noirs s'était révélé un homme de haute capacité,
d'une instruction supérieure à ceux de sa race, et
doué de qualités qui l'eussent fait remarquer partout
ailleurs qu'à la tête d'une population noire. C'était
Toussaint-Louverture. A sa voix, l'ordre commença
à renaître dans la colonie; les cultivateurs ren-
trèrent dans les habitations : il décida que tous les
noirs travailleraient comme par le passé, avec cette
différence qu'ils seraient traités en hommes libres,
et payés comme ouvriers. La confiance renaissait :
les blancs restés dans la colonie reconnaissaient
l'autorité de Toussaint, qui du reste n'agissait qu'au
nom de la république française, car il n'était pas

encore question de soustraire l'île à l'autorité de la
France ; les commissaires du gouvernement français
avaient même nommé Toussaint-Louverture général en chef des armées de Saint-Domingue ; ainsi
l'autorité des blancs n'était plus suspecte aux noirs,
puisqu'ils la partageaient avec eux.

Pendant que l'anarchie régnait dans l'île, les Anglais avaient profité du désordre pour chercher à
s'emparer de cette riche colonie. Ils avaient dé-
barqué sur plusieurs points avec une armée nombreuse, et, secondés par l'un des partis qui divi-
saient la population, ils s'étaient rendus maîtres
de plusieurs postes importants, entre autres de la
ville de Port-au-Prince, la capitale de l'île. Ainsi
la guerre étrangère était venue ajouter ses ravages
à ceux que faisait la guerre civile. Quand cette dernière fut apaisée, Toussaint-Louverture voulut justifier son titre de général en chef par l'expulsion
des Anglais. En peu de temps il les chassa de toutes
les positions qu'ils occupaient, et il vint les assié-
ger jusque dans Port-au-Prince, leur dernier refuge.
Bientôt lord Maitland, qui commandait dans cette
ville, se vit forcé de capituler.

L'entrée de Toussaint-Louverture à Port-au-
Prince fut un véritable triomphe pour lui et pour
sa race. Les dames blanches les plus élégantes al-
lèrent au-devant de lui. Les colons, qui peu auparavant avaient mieux aimé compromettre leur
fortune et leur existence que de reconnaître comme
des égaux les hommes de couleur, se portèrent à

la rencontre du vieux chef nègre avec la croix, la bannière, les encensoirs, et le prièrent de se mettre sous un dais porté par quatre anciens planteurs.

Toussaint eut le bon esprit de refuser tant d'honneur en disant : « Il n'y a que Dieu qui doit marcher sous un dais, et au seul Maître de l'univers on doit présenter l'encens. »

Ce n'était point de sa part une fausse humilité, car Toussaint avait réellement des sentiments religieux. Jamais il ne marchait au combat sans adresser à Dieu une prière fervente, ou même, s'il le pouvait, sans entendre la messe et recevoir l'Eucharistie ; et jamais, après la victoire, il ne manquait de rendre des actions de grâces au Très-Haut pour le remercier de ses succès. Ainsi, tandis que l'exercice du culte catholique était proscrit dans la métropole, on vit plus d'une fois Toussaint-Louverture faire chanter des *Te Deum* solennels dans les églises, et les commissaires de la Convention ou du Directoire y accompagner le chef noir.

Maître absolu de la colonie, Toussaint-Louverture y fit régner un ordre parfait. Les colons réfugiés soit aux États-Unis, soit dans les autres Antilles, furent invités à se remettre en possession de leurs propriétés. Un grand nombre acceptèrent ces offres et revinrent dans l'île. Les habitations qui restaient sans propriétaires, soit que leurs familles eussent péri comme la mienne pendant les troubles, soit que ceux qui survivaient ne voulussent pas profiter de l'invitation de Toussaint, étaient affermées aux chefs militaires moyennant une certaine redevance. Il paraît que l'habitation qui avait appartenu à ma famille était alors occupée par un nègre nommé Bambo, créature du féroce Dessalines, et plus cruel encore que son maître. Il n'était pas étranger au massacre de mes parents, dont il avait été l'esclave, et comme il était persuadé qu'il ne restait plus personne de leur sang, il se regarda comme le propriétaire de l'habitation. Tel était le motif qui avait engagé ma nourrice à prendre toutes sortes de précautions pour cacher mon existence; car si elle eût été connue de Bambo, il n'aurait pas hésité à commettre un crime de plus pour s'assurer la paisible jouissance des biens qu'il avait usurpés.

Cependant, quand elle vit l'ordre rétabli par la bonne administration de Toussaint, quand elle vit les anciens planteurs rappelés dans leurs propriétés, elle conçut le projet de me faire rentrer dans les miennes, dût-elle, pour réussir, aller implorer la justice du chef de l'État. Un jour, dans cette intention, elle m'emmena à Saint-Marc, petite ville éloignée de deux lieues environ de notre cabane. Ce jour-là, loin de me teindre la peau comme d'habitude, précaution que du reste elle négligeait depuis quelque temps, elle eut soin de me laver tout le corps de manière à lui rendre autant que possible sa blancheur naturelle; puis elle me vêtit d'une veste et d'un pantalon de toile blanche, et m'entoura d'un madras ; c'était le costume ordinaire des anciens planteurs.

Arrivée à la ville, elle me conduisit dans une jolie maison, où nous fûmes introduits, dès qu'elle se présenta, par un domestique nègre qui paraissait connaître beaucoup ma nourrice.

« Ah ! c'est vous, maman Suzanne, lui dit-il en la voyant ; et qui donc ce petit blanc-là ?

— Cela ne fait rien à vous ; où est monsu Jacmel, votre maître ?

— Le citoyen Jacmel n'est pas mon maître, parce qu'il n'y a plus de maître ni plus d'esclave, entendez-vous, maman Suzanne ?

— Je le sais bien, citoyen Télémaque, mais c'est une vieille habitude.

— Il faut perdre les vieilles habitudes, maman Suzanne, parce que maintenant ce n'est plus blancs, c'est noirs qui sont maîtres. »

Ma nourrice paraissait vivement contrariée de la réception passablement bourrue du nègre, et elle s'apprêtait à répondre, quand M. Jacmel parut.

« Quoi ! c'est toi, dit-il, Suzanne ! il y a longtemps que je ne t'avais vue. Entre, mon enfant, ajouta-t-il avec bonté ; » et il nous introduisit dans un petit salon au fond d'un corridor. Après avoir fermé soigneusement les portes, il nous fit asseoir, et prenant un air sérieux qui contrastait avec le ton familier et presque enjoué qu'il avait affecté d'abord, il dit à ma nourrice : « Mais à quoi penses-tu, malheureuse, d'amener cet enfant ici avec cette toilette? Tu veux donc détruire en un jour ce que nous avons eu tant de peine à conserver pendant des années?

— Mais, monsu Jacmel, moi croyais faire bien. Toussaint-Louverture, li, y n'est pas comme zautres. Si vous parliez à li, li rendrait à petit maître les biens de son papa, et c'est pour ça que je vous ai amené petit maître.

— Il est bien question maintenant de rendre les biens aux héritiers de ceux qui en ont été dépouillés, et Toussaint-Louverture a bien d'autres soucis en tête. Tu ne sais pas, ma pauvre Suzanne, qu'en ce moment-ci il est menacé de l'arrivée d'une flotte et d'une armée française qui ont probablement pour but de rétablir l'autorité de la métropole d'une manière absolue. Le nouveau chef du gouvernement français, le consul Bonaparte, vient de faire la paix avec l'Angleterre, et maintenant rien ne l'empêche d'envoyer ici des forces suffisantes pour tout remettre sur l'ancien pied. Alors il sera temps de rendre au fils de mon ami, de mon bienfaiteur, ce qui lui appartient légitimement. Jusque-là, toute démarche serait compromettante, d'autant plus que c'est Dessalines qui vient commander ici le corps d'armée destiné à s'opposer au débarquement des Français dans cette partie de l'île, et qu'il a pour aide de camp, pour second, son fidèle Bambo, que tu dois connaître.

— Oh! oui, moi connais Bambo; li, un monstre,

un diable de l'enfer; c'est li qui a tuyé bon maître
à moi....

— Ne parle pas, interrompit M. Jacmel, des
crimes de cet homme devant cet enfant; il ne les
apprendra que trop tôt, quand le moment sera
venu de lui révéler sa naissance et les malheurs de
sa famille. C'est une tâche douloureuse que je me
suis réservée; jusque-là, si tu aimes ton petit maître,
si tu tiens à sa vie, garde-toi de commettre la
moindre indiscrétion sur son nom, sur son origine, sur ses parents.

— Ne craignez rien, monsu Jacmel; Suzanne n'a
pas de langue quand il faut.

—Je le sais, et c'est pourquoi j'ai toujours eu en
toi la plus grande confiance; c'est aussi pourquoi
je m'étonne que tu aies commis aujourd'hui l'im-
prudence de m'amener cet enfant dans cet accoutre-
ment, qui a dû lui faire faire des réflexions, car il
est en âge d'en faire, et qui a dû en faire faire à d'autres. Ainsi je t'ai trouvée en conversation avec Télémaque; que te disait-il? T'a-t-il parlé de l'enfant?

— Il a demandé qui était petit blanc, et j'ai
répondu que cela ne faisait rien à li.

— Et il n'a pas insisté pour en savoir davantage?

— Non, monsu Jacmel.

— Tant mieux; car il est curieux, et j'ai tout lieu
de me défier de lui. Maintenant ce qui te reste à
faire, c'est de retourner dans ta case avec ton petit
maître, et d'y rester tranquille comme par le passé,

en attendant les grands événements qui ne tarderont
pas à s'accomplir; mais il faut redoubler de prudence, car au moment de la crise il pourrait arriver que les noirs, en se voyant près de succomber,
fissent un nouveau massacre des blancs qui restent
dans l'île. »

Ma nourrice promit de suivre le conseil de M. Jacmel, et se confondit en protestations de dévouement pour moi et de déférence pour lui.

« J'ai connu, reprit-il, tout l'attachement que
tu portais à tes anciens maîtres, et la tendresse
vraiment maternelle que tu as conservée pour leur
dernier rejeton. Dans les rares visites que mes
affaires et la prudence me permettaient de te faire,
j'ai été témoin des soins que tu prodiguais à cet enfant, et le moment viendra, je l'espère, où tu pourras les avouer hautement et en recevoir une digne
récompense; mais il faut encore un peu de patience,
et ne pas risquer de tout perdre en voulant trop
tôt atteindre le but. Pour toi, mon enfant, ajouta-
t-il en me prenant dans ses bras et en m'embrassant
tendrement, te voilà grand maintenant, tu seras
bientôt un homme; alors nous causerons ensemble
comme de bons amis, et je t'apprendrai des choses
d'un grand intérêt pour toi et pour ton avenir.
Retourne encore pendant quelque temps avec ta
nourrice et tes frères de lait, reprends tes jeux et
tes habitudes journalières, jusqu'à ce que le jour
soit venu de te livrer à des occupations plus sérieuses
et plus dignes de toi. »

Là-dessus il m'embrassa de nouveau et nous congédia, en ayant soin de nous reconduire jusqu'à la porte de la rue, afin d'empêcher Télémaque d'adresser de nouvelles questions à maman Suzanne.

CHAPITRE· II

LE BAPTÊME DE FEU

La visite que j'avais faite à M. Jacmel, sa conversation avec ma nourrice, conversation dont je n'avais pas perdu un mot, et les paroles qu'il m'avait adressées avaient produit en moi un effet extraordinaire. Ce n'était cependant qu'une demi-révélation, mais elle était suffisante pour ouvrir devant moi un monde tout nouveau. Jusque – là j'avais fait peu d'attention à la différence des couleurs et des races ; maintenant je comprenais que j'appartenais à une classe autre que celle de mes frères de lait et de ma nourrice. Qu'avait donc encore M. Jacmel de si intéressant à m'apprendre? Je voulus en vain interroger maman Suzanne ; elle me répondit qu'elle n'en savait rien, et que *monsu* Jacmel seul pourrait m'instruire. Je lui demandai enfin ce qu'était ce M. Jacmel, qui parais-

sait m'aimer beaucoup, et que cependant je ne connaissais pas.

« Li pourtant connaît petit maître depuis bien
longtemps, et bien souvent li vous a vu.

— Et comment se fait-il que moi je ne l'aie jamais
vu ?

— Parce que li venait toujours le soir, quand petit
maître dormait. Cependant il y a quelques années
qu'il venait aussi dans le jour, mais petit maître ne
s'en souvient pas. »

Effectivement, en recueillant mes plus anciens souvenirs d'enfance, je commençai à me rappeler que
j'avais remarqué quelquefois un homme blanc, très-
pâle, qui s'entretenait avec ma nourrice soit dans la
case, soit sous l'espèce de berceau ou de *verandals*
qui était à l'entrée. Souvent aussi il nous donnait des
oranges ou des bonbons à mes frères de lait et à moi;
mais il ne paraissait pas alors m'accorder plus d'attention qu'aux autres.

De retour à la cabane, ce ne fut qu'avec une vive
répugnance que je quittai ma jolie toilette de créole
pour reprendre mes vêtements ordinaires. Il me semblait que je me dépouillais de la dignité de blanc à
laquelle je savais maintenant que ma naissance m'a-
vait élevé. Maman Suzanne eut toutes les peines du
monde à me faire entendre raison ; mais, malgré ses
instances, je ne voulus jamais consentir à me laisser
de nouveau barbouiller le corps de sa vilaine couleur
noire. Il est vrai que mon épiderme était tellement
imprégné de la matière colorante dont elle l'enduisait

depuis si longtemps, que les abondantes ablutions dont elle m'avait arrosé la veille en avaient peu changé la teinte, et que, s'il eût été difficile de me prendre pour un véritable nègre, je pouvais sans peine passer pour un mulâtre, ou au moins pour un *sang-mêlé* (1). C'était assez pour le moment, car l'essentiel était que je ne fusse pas reconnu pour blanc de pure race.

M. Jacmel m'avait aussi recommandé de reprendre mes jeux et mes habitudes ordinaires avec mes frères de lait; mais ce fut chose impossible. Du moment où je reconnus que j'étais d'une autre race qu'eux, du moment où eux-mêmes s'aperçurent que *petit maître* (car ils me donnaient ce nom sans en comprendre la signification), que leur camarade enfin, était un blanc, il s'établit entre nous, en quelque sorte à notre insu, une ligne de démarcation qui changea complétement nos rapports. Je les aimais toujours aussi tendrement qu'auparavant, je n'éprouvais pour eux ni indifférence ni mépris; je me plaisais encore à me trouver et même à jouer avec eux: mais je sentais qu'il n'y avait plus entre nous cette égalité qui existait autrefois. J'étais aussi devenu

---

(1) On donne aux colonies le nom de *mulâtre* à l'individu né d'un blanc et d'une négresse; celui de *quarteron* à celui qui est né d'un mulâtre et d'une blanche, ou d'un blanc et d'une mulâtre; et en général le nom de *sang-mêlé*, soit aux quarterons, soit à ceux qui en descendent par leur union avec des blancs ou entre eux. Les *sang-mêlé*, comme les quarterons et les mulâtres, appartiennent également à la race des *hommes de couleur*, et ne sont jamais confondus avec les blancs.

plus sérieux, car je pensais sans cesse aux révélations
que devait me faire M. Jacmel. Insensiblement j'avais
pris avec mes camarades un ton plus grave, et un
certain air de supériorité qui ne leur échappait pas ;
mais, loin de s'en plaindre, les pauvres enfants semblaient m'y encourager par un redoublement de déférence et de complaisance pour petit maître. Leur
mère sans doute leur avait fait entendre qu'il en
devait être ainsi désormais; car dès lors ils furent
pour moi non plus des compagnons, mais des ser-
viteurs dévoués à toutes mes volontés et à tous mes
caprices. L'aîné surtout, qui avait le même âge que
moi, et qui était mon véritable frère de lait, car sa
mère nous avait nourris ensemble, avait pour moi
un attachement que je ne saurais mieux comparer
qu'à celui du chien le plus fidèle pour son maître.
Son intelligence était bornée et peu susceptible de
développement; mais son cœur était excellent,
et j'en ai eu plus d'une preuve dans la suite,
comme on le verra plus tard. Il était beaucoup
plus grand et plus fort que moi, et souvent
quand nous avions fait une longue course et que
je me sentais fatigué, il me prenait sur ses épaules
et continuait à marcher comme s'il n'eût rien
porté. Pauvre Zozo, ton souvenir m'est toujours
resté cher, et en écrivant ces lignes je sens mes yeux
se mouiller de larmes ! Son frère avait nom Jacques,
et nous l'appelions Zacot, comme l'aîné, dont le nom
était Joseph, avait reçu de nous celui de Zozo. Il était
de deux ans plus jeune, d'un tempérament beaucoup

moins robuste que Joseph, d'un caractère plus mé-
lancolique, mais moins susceptible d'attachement.
Du reste, je ne puis guère porter sur lui un jugement
bien arrêté : nous étions trop jeunes l'un et l'autre
quand nous nous sommes perdus de vue.

Trois mois s'étaient écoulés depuis notre visite à
M. Jacmel, sans que rien vînt troubler la tran-
quillité dont nous jouissions. Cependant de graves
événements s'étaient passés pendant ce temps-là, et
de nouveaux malheurs allaient fondre sur la colonie.

La flotte française dont avait parlé M. Jacmel était
arrivée en vue des côtes de Saint-Domingue. Elle
portait une armée de trente mille hommes composée
des meilleurs soldats de la République, sous les
ordres du général Leclerc, beau-frère du consul
Bonaparte. Dès que Toussaint-Louverture avait
appris les préparatifs de l'expédition, il avait pris
toutes les mesures nécessaires pour résister. Mais,
vers la fin de janvier 1802, quand il vit cette flotte
immense réunie dans la baie de Samana, il fut un
instant saisi de découragement, et il s'écria : « Il faut
périr ! la France entière vient à Saint-Domingue ; on
l'a trompée : elle y vient pour se venger et asservir
les noirs. Il faut périr ! » Mais bientôt, surmontant ce
premier mouvement de faiblesse, il se hâta d'achever
les dispositions de défense. L'armée noire était forte
de vingt mille hommes. Il la divisa en trois corps,
commandés chacun par un de ses meilleurs généraux.
Henri Christophe, qui plus tard prit le titre de roi

d'Haïti, était chargé de la défense du Cap. Quand il
vit qu'il ne pouvait résister à la flotte française, il mit
le feu à la ville, après l'avoir fait évacuer par tous
les habitants, soit blancs, soit hommes de couleur; et
quand les Français débarquèrent, ils ne trouvèrent
que des ruines.

Port-au-Prince fit une défense moins vigoureuse; la division Boudet, qui était chargée de l'attaquer, n'éprouva presque aucune résistance, et les
noirs chargés de défendre cette ville importante se
retirèrent dans les montagnes de l'intérieur de l'île.
Le général Boudet s'avança alors sur Saint-Marc,
où Dessalines avait réuni un corps de huit mille
hommes; mais ici les Français furent obligés de dis-
puter le terrain pied à pied, et les soldats nègres
montrèrent dans la défense une opiniâtreté que les
Français n'avaient pas trouvée ailleurs.

Ce fut alors que pour la première fois j'entendis
le feu pétillant de la mousqueterie, les détonations
sourdes ou éclatantes de l'artillerie; que je vis des
hommes s'attaquer, se poursuivre, tomber atteints
par les balles ou frappés par le tranchant du sabre,
par la pointe des baïonnettes. Depuis lors j'ai assisté
bien souvent à des scènes de guerre plus sanglantes;
mais jamais je n'ai éprouvé une impression aussi profonde que celle que j'ai ressentie à la bataille de Saint-
Marc, dont je n'ai vu toutefois que quelques épisodes.
Il est vrai qu'un de ces épisodes fut pour moi une
terrible catastrophe, qui devait avoir une influence
fatale sur tout le reste de ma vie: aussi n'est-il pas

étonnant que toutes les circonstances qui ont précédé,
accompagné et suivi cet événement, me soient restées
présentes à l'esprit comme si tout cela s'était passé
hier.

Nous avions, comme je l'ai dit plus haut, repris
paisiblement notre train de vie ordinaire. L'isolement
où nous nous trouvions nous laissait dans une ignorance complète des événements qui se passaient au
dehors. Ma nourrice allait bien une fois par semaine
à Saint-Marc, les jours de marché ; mais elle y allait
seule, et elle se gardait bien de nous répéter les nouvelles qu'elle avait apprises et qui auraient pu nous
effrayer. Cependant un jour elle revint plus tôt qu'à
l'ordinaire, et nous annonça d'un air tout effaré que,
le lendemain de bonne heure M. Jacmel viendrait nous
prendre tous pour nous emmener dans des canots
français qui devaient pendant la nuit remonter l'Artibonite jusqu'à l'anse aux Moules, à une portée de
fusil de notre cabane. Elle ajouta que l'armée française arrivait contre Saint-Marc par la route de Port-
au-Prince, c'est-à-dire du côté opposé à celui où nous
nous trouvions ; mais que de notre côté une partie
de la flotte tenterait un débarquement, et c'était dans
les embarcations destinées à opérer ce mouvement
que nous devions chercher un refuge.

Cette nouvelle produisit peu d'effet sur mes frères
de lait ; ils écoutaient leur mère d'un air indifférent,
je dirai presque stupide, ne comprenant pas toute
l'importance de ce qu'elle venait de nous annoncer.
Pour moi, j'éprouvai un sentiment indéfinissable de

trouble, d'agitation, mêlé de crainte et de joie; cependant la joie l'emportait, car je pensais que j'allais bientôt me trouver au milieu des blancs, des Français, mes vrais compatriotes; que M. Jacmel allait enfin me révéler ce grand secret dont j'étais si préoccupé depuis trois mois.

A peine ma nourrice avait-elle achevé de nous raconter ce que je viens de dire, qu'un bruit sourd et semblable à un tonnerre lointain se fit entendre. Nous prêtâmes l'oreille; des détonations nouvelles et à intervalles inégaux se succédèrent rapidement. Nous n'étions pas dans la saison des orages, et ce bruit ne pouvait être produit par le tonnerre; c'était évidemment le canon qui nous annonçait que l'armée française et l'armée noire en étaient venues aux mains. Je m'élançai hors de la cabane, malgré les cris de ma nourrice qui voulait me retenir auprès d'elle, et je montai sur le haut d'une petite colline d'où l'on découvrait au loin le pays jusqu'aux environs de Saint-Marc. Un bouquet de palmiers qui se trouvait sur cette hauteur, m'offrait un observatoire plus élevé. Je m'efforçais de grimper sur l'un d'eux, quand je vis apparaître tout à coup auprès de moi mon bon Zozo qui avait voulu me suivre, et qui, plus agile que moi, eut bientôt grimpé jusqu'à la cime de l'arbre. Cependant au bruit de l'artillerie se mêla bientôt un feu roulant de mousqueterie; tantôt la fusillade semblait se rapprocher, tantôt elle paraissait s'éloigner; mais elle ne cessait pas un instant de faire entendre son roulement sinistre : seulement de temps en temps elle était dominée par la grande voix du canon, qui faisait la basse dans ce concert des instruments de la mort.

Mon cœur battait à rompre ma poitrine; tantôt je sentais des frissons me parcourir le corps, tantôt la sueur coulait de mon front. « Zozo, m'écriai-je, vois-tu quelque chose? » Et le pauvre Joseph, comme la sœur Anne de la fable, me répondait qu'il ne voyait que beaucoup de poussière et de fumée. Enfin je voulus grimper à mon tour sur l'arbre, et je priai Zozo de m'aider. Il descendit aussitôt, et avec sa complaisance ordinaire il me fit la courte échelle; puis il grimpa au-dessous de moi de manière que je pouvais appuyer mes pieds sur ses épaules. Avec ce secours je parvins presque aussi haut qu'il était monté lui-même la première fois. Comme lui je ne vis d'abord que de la poussière et de la fumée; mais bientôt j'aperçus, au débouché d'une petite vallée, un corps de cavalerie qui s'avançait en bon ordre sur le plateau. En même temps une décharge de mousqueterie partit d'un champ de cannes à sucre qui se trouvait un peu sur la droite. Quelques cavaliers tombèrent; les autres s'élancèrent au galop dans la direction du feu, et bientôt je vis un peloton de soldats noirs qui occupaient le champ de cannes s'enfuir dans toutes les directions, et un grand nombre d'entre eux tomber sous le sabre de ceux qui les poursuivaient. Des fantassins français dispersés en tirailleurs succédèrent aux cavaliers, et s'élancèrent à leur suite; mais bientôt une masse de soldats noirs, arrivant du côté opposé, fit reculer l'infanterie et la cavalerie française, trop faibles pour lui résister. La fusillade reprit avec une nouvelle vigueur; les Français battirent en retraite par la petite vallée d'où je les avais vus sortir, et les noirs se précipitèrent à leur poursuite en poussant des cris affreux.

Pendant que j'étais tout entier à ce spectacle, j'entendis tout à coup la voix de ma nourrice qui m'appelait ainsi que Zozo en poussant des gémisments lamentables. Je jetai les yeux au-dessous de moi, et j'aperçus la pauvre femme tenant son plus jeune fils par la main, et nous suppliant de descendre. En un instant nous fûmes auprès d'elle. Elle nous pressa tous deux sur son cœur, moi peut-être plus tendrement encore que son propre fils. Puis elle me supplia de revenir avec elle à la cabane, où elle ne pouvait plus vivre, disait-elle, séparée de nous, et où d'ailleurs elle attendait M. Jacmel d'un instant à l'autre, si toutefois il lui était possible de sortir de la ville et de parvenir jusqu'à nous au milieu de tout ce tumulte. Je cherchai à la rassurer de mon mieux, et nous nous acheminâmes tous ensemble vers la case.

La nuit approchait quand nous quittâmes la colline; le bruit de l'artillerie et de la mousqueterie avait cessé peu à peu. Quand nous arrivâmes, l'obscurité était complète, car on sait que dans les régions tropicales il n'y a, pour ainsi dire, pas de crépuscule, et que la nuit succède au jour presque

subitement. Tout était calme dans notre paisible
demeure, et personne n'eût dit qu'à quelques pas
de là la guerre venait d'exercer ses ravages. Maman Suzanne nous fit souper, et réciter notre
prière comme à l'ordinaire; seulement elle nous fit
coucher tout habillés pour être plus tôt prêts en cas
d'alerte.

Je n'étais guère disposé à dormir, et je me rappelle
que longtemps après m'être couché mon imagination se représentait encore toutes les scènes de la
journée, tandis que les deux fils de ma nourrice
ronflaient à mes côtés. Enfin le sommeil, un des
premiers besoins de cet âge, finit par me gagner à
mon tour. Combien de temps dura-t-il? je l'ignore;
mais ce que je sais, c'est qu'au milieu de la nuit
je fus réveillé par ma nourrice et par un homme
d'une grande taille qui se tenait à ses côtés. Zozo
et Zacot étaient déjà debout, et chacun d'eux était
chargé d'un volumineux paquet de hardes et d'us-
tensiles de ménage. « Allons, mon enfant, lève-toi,
me dit en m'embrassant l'homme qui se tenait auprès de mon lit, voici le moment d'aller rejoindre
nos amis qui viennent nous délivrer de la tyrannie
des noirs. »

Je reconnus aussitôt M. Jacmel, plutôt à sa voix
et à ses caresses qu'à ses traits, car je pouvais à
peine distinguer sa figure à travers la demi-obscurité
qui régnait dans la cabane, et que la petite lampe
allumée par ma nourrice était insuffisante à dissiper.
Je fus bientôt prêt, M. Jacmel prit sous son bras un

porte-manteau en cuir; ma nourrice chargea sur ses épaules un énorme paquet, éteignit la lampe, et nous nous mîmes en route.

Il n'y avait pas de lune, et la nuit aurait dû être profondément obscure; cependant une lueur rougeâtre qui venait du sud nous faisait distinguer les objets, tout en leur donnant une forme fantastique. Comme nous nous dirigions au nord, je me retournai pour voir d'où provenait cette lumière, et j'aperçus tout l'horizon en feu vers le sud-ouest, comme il arrive quelquefois un peu avant le lever du soleil. Quoique je fusse fort ignorant sur bien des choses que savent la plupart des enfants de mon âge, l'habitude de vivre à la campagne, et presque toujours au grand air, m'avait rendu familiers quelques-uns des phénomènes ordinaires de la nature. Je savais parfaitement que le soleil, la lune et astres se levaient derrière les montagnes qui se trouvaient à notre droite, et qu'ils se couchaient à gauche dans la mer. Je ne pus m'empêcher, dans l'étonnement que me causait cette étrange anomalie, de m'écrier: « Tiens, tiens, est-ce que le soleil va se lever à rebours aujourd'hui?

—Chut! chut! fit aussitôt à voix basse M. Jacmel: prends garde, mon enfant, de faire trop de bruit, car j'ai tout lieu de craindre que nos ennemis ne rôdent dans les environs. Ce que tu prends pour le lever du soleil, c'est l'incendie de la ville de Saint-Marc, à laquelle Dessalines a fait mettre le feu. Marchons maintenant avec précaution et dans le plus

profond silence. Nous aurons le temps de causer
quand nous aurons rejoint nos amis. »

Nous reprîmes donc en silence notre marche, que
mon exclamation avait interrompue, et bientôt nous
arrivâmes à l'anse aux Moules, où nous devions trouver les chaloupes de l'escadre française. Rien n'était
encore arrivé. M. Jacmel était dans une cruelle anxiété; cependant ma nourrice lui fit observer que
la marée commençait seulement à monter, et que
les chaloupes n'auraient pas pu arriver plus tôt.
Cela était vrai, mais ne diminuait pas l'inquiétude
de M. Jacmel. Nous restâmes dans cette attente au
moins une heure, blottis dans l'anfractuosité d'un
rocher qui se trouvait sur le rivage, et que nous con-
naissions bien, mes frères de lait et moi, car cette
espèce de grotte nous avait souvent servi d'abri
quand nous venions à la pêche des coquillages.

Enfin au bruit monotone des flots qui battaient la
rive se mêla le son cadencé des nombreux avirons,
et bientôt nous aperçûmes plusieurs masses noires
qui glissaient sur le fleuve et se dirigeaient de notre
côté. M. Jacmel fit aussitôt entendre un certain sifflement, auquel on répondit d'une des chaloupes. C'était
le signal convenu. En même temps toutes les embarcations entrèrent dans l'espèce de petite baie que
forme le fleuve, et qu'on appelle l'anse aux Moules.
Dès qu'elles eurent accosté le rivage, une centaine
d'hommes armés en sortirent et vinrent se ranger
silencieusement sur la plage. M. Jacmel, me tenant
par la main, s'approcha de l'officier qui les com-

mandait, et lui dit : « Voici, capitaine, l'enfant dont
je vous ai parlé. Pouvez-vous nous recevoir dans
une de vos chaloupes, et avec nous sa nourrice et
ses deux petits négrillons?

— Rien ne sera plus facile, car toutes les embarcations ne conserveront que les marins pour retourner à l'escadre ; nous autres fantassins nous devons
rejoindre par terre la division Boudet.

— Mais le pourrez-vous bien facilement? reprit
M. Jacmel; il me semble que vous êtes trop peu
nombreux.

—Nous ne sommes ici qu'une avant-garde, et dans
une demi-heure mille à douze cents hommes vont
débarquer : ainsi vous aurez de quoi choisir parmi
nos embarcations; mais elles ne pourront repartir
qu'à la marée descendante; alors il fera jour, et nous
commencerons en même temps notre mouvement sur
Saint-Marc. Mais à propos, il paraît que cette ville
est incendiée: savez-vous si ce sont les nègres qui y
ont mis le feu, ou s'il a pris par accident?

— C'est Dessalines qui a ordonné cet incendie, et
qui a donné le signal en mettant lui-même le feu à la
maison qu'il habitait; en même temps tous les blancs
qui se trouvaient dans la ville devaient être massacrés. Averti de ce qui se préparait, je n'ai eu que le
temps de m'échapper au moment où mon propre
domestique mettait le feu à ma maison. Je suis accouru en toute hâte à la cabane où demeurait ce
jeune orphelin, et je l'ai aussitôt amené ici pour vous
attendre, comme nous en étions convenus.

— Alors, reprit le capitaine, si Dessalines a in-
cendié la ville, il doit à cette heure l'avoir évacuée
avec son armée. Savez-vous dans quelle direction il
a pu se retirer?

— Il paraît que son intention était de gagner les
hauteurs de la Crête-à-Pierrot, où il existe un fort
bâti par les Anglais. Dans ce cas, si vous étiez en
forces suffisantes, vous pourriez facilement lui couper
la retraite, ou tout au moins l'inquiéter beaucoup,
car il doit traverser l'Artibonite à deux lieues d'ici,
et il est probable que vous arriveriez avant lui au gué
où doit s'effectuer son passage.

— Je ne puis rien décider à cet égard avant l'arrivée de mon colonel; mais, en attendant, je dois
disposer mes hommes de manière à assurer la sécurité du débarquement du reste de la troupe. Je vais
commencer par placer un certain nombre de postes
aux environs; pourriez-vous, vous qui connaissez
les localités, m'indiquer les points les plus conve-
nables? car, avec l'obscurité qu'il fait, il me serait
difficile de les reconnaître moi-même.

— Je pourrais difficilement vous donner ces indications; mais voici maman Suzanne et les enfants
qui pourront nous fournir tous les renseignements
désirables. Comme vous ne comprendriez peut-être
pas bien leur langage créole, je vous accompagnerai
et vous servirai d'interprète. »

Cet arrangement convint au capitaine, et à moi
surtout; car je me croyais devenu un personnage
important, puisqu'on allait me consulter sur une

affaire aussi grave que la pose des sentinelles. Quant à ma nourrice et à ses fils, ils acceptèrent leur mission avec leur indifférence habituelle.

Le capitaine prit une quarantaine d'hommes dans sa troupe; vingt, commandés par un officier, furent chargés de former une espèce de grand'garde à peu de distance du rivage ; les vingt autres étaient destinés à former de petits postes plus avancés de cinq ou six hommes chacun, commandés par un sous-officier ou un caporal. C'était principalement sur nos indications que ces derniers postes devaient être placés. Après avoir établi son poste principal, deux autres, de chacun six hommes, furent installés à droite et à gauche, en avant et à une certaine distance du premier; le dernier, composé de huit hommes commandés par un sergent, devait être le plus avancé, mais de manière cependant à pouvoir correspondre avec tous les postes qui se trouvaient derrière lui. Nous indiquâmes pour son emplacement la petite colline, ou tertre, situé près de notre cabane, et d'où la veille j'avais été témoin d'une partie du combat. Nous nous dirigeâmes aussitôt de ce côté; et nous n'en n'étions plus qu'à une cinquantaine de pas, quand une vive lumière jaillit tout à coup à notre gauche et jeta une grande clarté sur l'horizon. Aussitôt ma nourrice s'écria : « Bon Dieu! bon Dieu! notre case qui brûle! » et elle s'élança du côté de sa cabane, en répétant : « Au feu! au feu! au secours! »

Mais au même instant une décharge de mous-

queterie partie de la colline même que nous allions
occuper l'étendit morte sur la place ; une seconde
décharge, qui suivit de très-près la première, et
qui était dirigée sur nous, blessa deux de nos
soldats. Le capitaine, qui d'un coup d'œil avait
jugé le danger, ordonna à ses gens de se replier
sur les postes voisins ; mais à peine eut-il com-
mandé ce mouvement de retraite, qu'une centaine
de noirs, embusqués dans le bosquet de palmiers
de la colline, s'élancèrent à notre poursuite en
poussant des cris affreux. En moins d'une minute
nous fûmes entourés. Notre brave capitaine ne perdit point la tête : saisissant le fusil d'un des soldats
blessés et donnant l'autre à M. Jacmel : « Allons,
braves carabiniers de la 19e légère, ne nous lais-
sons pas prendre par ces moricauds. Tout à l'heure
nos camarades vont arriver à notre secours.... En
attendant, ménagez vos cartouches, et ne faites feu
qu'à coup sûr. Croisez *ette !* »

Tous les soldats, formant un groupe, au milieu
duquel je me trouvais placé avec mes deux petits
camarades, présentèrent de tous côtés leurs baïonnettes aux noirs, et en frappèrent les premiers qui
osèrent les approcher. Les ennemis s'arrêtèrent un
instant, comme étonnés d'une résistance à laquelle
ils ne s'attendaient pas de la part d'une poignée
d'hommes. Mais presque aussitôt parut un officier
nègre avec de grosses épaulettes et un énorme pa-
nache, qui s'écria : « Quoi ! vous gagnez peur,
zautres ! Tenez, faites comme moi, et blancs seront

bientôt tous tuyés. » En même temps il déchargea
sur nous une carabine qu'il tenait à la main. Aussitôt M. Jacmel, qui se trouvait devant moi, s'af-
faissa sur lui-même en criant: « Ah! le misérable
Bambo, c'est lui qui m'a tué! »

Les noirs, encouragés par la présence de Bambo,
s'élancèrent de nouveau sur nous la baïonnette en
avant, car ils n'avaient pas eu le temps de recharger
leurs armes. « Feu! feu! » commanda alors notre capitaine; et une décharge à bout portant fit une large
brèche dans les rangs pressés des noirs qui nous
entouraient. Bambo, le fameux Bambo, était tombé
un des premiers, frappé par le coup de fusil que
lui avait tiré le capitaine.

Cette décharge meurtrière et la mort de leur chef
ralentirent l'ardeur des noirs : au lieu de revenir nous
attaquer à la baïonnette, nous les vîmes recharger
leurs fusils; ils espéraient sans doute venir plus facilement à bout de nous de loin que de près, ayant
dix coups de fusil à nous envoyer pour un que nous
pouvions leur rendre.

Notre capitaine allait profiter de cet instant de ré-
pit pour se rapprocher du rivage, quand tout à coup
il entendit le tambour qui battait la marche de nuit
de son régiment s'approcher du côté où nous étions.
« Voici nos camarades! s'écria-t-il; allons, mes
amis, faites feu à volonté sur les moricauds; cela
fera connaître aux braves de la 19ᵉ légère où ils
doivent venir nous chercher. »

Des coups de fusils partirent aussitôt de notre

groupe, et blessèrent quelques-uns des nègres les plus rapprochés. Au même instant, d'autres coups de fusil partis de divers points, du côté du rivage, nous annoncèrent l'arrivée d'un secours. Les noirs, en voyant l'approche des nôtres, prirent la fuite dans toutes les directions, et en un moment nous n'en aperçûmes plus un autour de nous.

Bientôt nous fûmes rejoints par tout le détachement, qui, averti par les autres postes, était accouru aux premiers coups de feu qu'on avait entendus. Le lieutenant qui le commandait annonça que la demi-brigade (1) venait d'arriver, et débarquait au moment où il avait quitté l'anse aux Moules pour venir à notre secours.

(1) Depuis 1793 jusqu'en 1803, les régiments d'infanterie furent appelés demi-brigades, et les colonels chefs de brigade. En 1803, on revint à l'ancienne dénomination de régiments et de colonels ; mais, dans l'usage, ces derniers étaient presque aussi souvent appelés colonels que chefs de brigade.

CHAPITRE III

LE PETIT HÉROS DE SAINT-MARC.

Tout ce que je viens de raconter, à partir du moment où nous fûmes attaqués par les nègres embusqués sur la colline jusqu'à notre délivrance, s'était passé dans moins de temps qu'il ne m'en a fallu pour l'écrire. Pendant ces quinze à vingt minutes au plus, les événements s'étaient tellement accumulés, que je n'avais pas eu le temps de les apprécier. Une nouvelle sensation détruisait ou affaiblissait celle que je venais d'éprouver, et elle était à son tour détruite ou affaiblie par une autre; c'est ainsi que, quand des coups répétés frappent sur une même partie du corps, la sensibilité finit par s'émousser; mais plus tard la douleur revient plus vive et plus poignante. L'incendie de la maison où j'avais passé mon enfance, l'explosion inattendue d'un grand nombre de fusils

dirigés sur nous, la chute de ma nourrice frappée
mortellement, le sifflement des balles, les blessures
des deux soldats, l'apparition soudaine de cette foule
de noirs, qui à la lueur de l'incendie de notre cabane
paraissaient autant de démons déchaînés se ruant
contre nous, tout cela était bien fait pour bouleverser
les idées et frapper de terreur l'esprit d'un enfant de
neuf ans. Cependant aucun signe extérieur ne mani-
festait les violentes émotions qui agitaient mon âme ;
et tandis que mes frères de lait poussaient des cris et
des exclamations de frayeur, je cherchais à les calmer
comme si moi-même j'eusse été de sang-froid. Au
moment où je vis tomber M. Jacmel et où je l'entendis s'écrier que c'était Bambo qui l'avait tué, un
nouveau sentiment s'empara de moi, et vint faire
diversion à tout ce que j'avais ressenti jusque-là.
Je venais d'assister au trépas du seul ami qui me
restât, du seul qui devait me faire connaître ma famille et me rétablir dans mes droits ; et son meurtrier était ce même Bambo dont j'avais si souvent
entendu parler, Bambo, l'assassin probable de mon
père. Alors la colère, le désir de la vengeance firent
de moi en quelque sorte un être tout nouveau. Je
saisis le fusil que tenait encore M. Jacmel, et je voulus m'élancer contre Bambo ; mais le capitaine aperçut mon mouvement, et me dit, en me mettant la
main sur l'épaule : « C'est trop lourd pour toi ; attends un moment, tout à l'heure tu vas me le donner. »
C'est alors qu'il commanda *feu* à ses hommes, et
qu'ayant déchargé le fusil qu'il tenait, il saisit ra-

pidement celui que j'avais entre les mains et le déchargea de nouveau. Est-ce ce dernier coup de fusil, est-ce le premier qu'avait tiré le capitaine qui avait tué Bambo, je ne saurais le dire : tout ce que je sais, c'est qu'en ce moment-là seulement je m'aperçus de la chute du redoutable chef noir, et que dans ma reconnaissance je saisis la main du capitaine en lui disant : « Merci ! »

A peine le détachement nous avait-il rejoints, qu'une vingtaine de soldats noirs sans armes se présentèrent comme déserteurs, annonçant qu'un grand nombre de leurs camarades étaient disposés à les imiter, maintenant qu'ils ne craignaient plus la colère de Bambo ni de Dessalines.

« Comment ! dit le capitaine, est-ce que Dessalines aussi a été tué ?

— Non, non, répondirent-ils, mais parti pour la Crête-à-Pierrot. »

Ce rapport étant conforme à ce que lui avait dit peu de temps auparavant M. Jacmel, le capitaine s'empressa d'aller rejoindre le colonel pour lui rendre compte de cette dernière circonstance, ainsi que des événements de la nuit. Il donna à voix basse quelques instructions au lieutenant à qui il laissait le commandement du détachement. J'ai su plus tard qu'il l'avait chargé de faire enterrer d'une manière convenable le corps de M. Jacmel et celui de ma nourrice, auprès de la cabane de cette dernière ; il recommanda aussi de faire transporter au rivage les soldats blessés, afin de les embarquer sur les cha-

loupes de retour ; puis, me prenant par la main :
« Allons, camarade, me dit-il, maintenant que nous
avons fait connaissance sur le champ de bataille, tu
peux compter sur moi à la vie et à la mort. Si tu as
perdu aujourd'hui un protecteur, songe que tu en as
retrouvé un autre, et que le capitaine Verny, de la
19e demi-brigade d'infanterie légère, ne t'abandon-
nera jamais. »

Ces paroles, prononcées avec un accent de sincérité
et de franchise toute militaire, me pénétrèrent jusqu'au fond de l'âme. Je n'avais pas encore pleuré
depuis les événements de cette nuit désastreuse ; mais
alors la perte de ma nourrice et celle de M. Jacmel se
présentèrent à mon esprit sous leur lugubre aspect ;
j'étais abandonné de tout le monde sur la terre, à
l'exception de ce protecteur généreux, mais inconnu,
que la Providence m'avait fait rencontrer. Deux ruis-
seaux de larmes jaillirent de mes yeux, en faisant ces
tristes réflexions. M Verny s'en aperçut ; il me laissa
quelque temps pleurer en silence, pensant avec raison
que ces larmes me soulageraient. Enfin, quand nous
approchâmes du rivage, il me dit d'un ton affectueux :
« Je comprends ton chagrin, mon pauvre ami ; mais
c'est assez pleurer pour le moment. Il fera grand jour
tout à l'heure, et il ne faut pas que tu te présentes
devant le chef de brigade comme un pleurnicheur.
C'est bon pour ces petits négrillons qui nous suivent ;
mais toi, tu es un blanc, tu es un Français, tu es un
homme : cela n'empêche pas d'avoir du chagrin et
de regretter les personnes qu'on aime, mais cela

empêche dé pleurer comme une femme. Maintenant parlons d'autre chose. Comment t'appelles-tu ?

— Je n'en sais rien ; je n'ai jamais su le nom de mon père.

— Cela est vrai ; c'est ce que m'avait dit M. Jacmel ; mais tu as un autre nom que celui de ton père, ce qu'on appelle un petit nom : quel est-il ?

— Je ne comprends pas.

— Mais enfin comment t'appellent tes camarades? comment t'appelait ta nourrice ?

— Ils m'appellent petit maître.

— Mais petit maître n'est pas un nom : est-ce qu'ils ne t'ont jamais appelé autrement?

— Quelquefois, mais rarement, ils m'appellent monsu Popol.

— A la bonne heure ; voilà qui ressemble à un nom. Voyons, vous autres, dit-il en se retournant vers les petits négrillons qui nous suivaient à quelques pas, comment appelez-vous petit maître quand vous l'appelez monsu ?

— Monsu Popol, répondit aussitôt Zozo ; mais plus souvent nous disons petit maître.

— Allons, c'est bien. Je comprends maintenant; Popol signifie Paul; ainsi Paul, mon ami, voilà ton nom, et je me rappelle effectivement que c'est bien celui que t'avait donné M. Jacmel en parlant de toi. Je te présenterai donc au colonel sous le nom de Paul, et ce sera le seul désormais auquel tu répondras, car c'est bien là ton véritable nom.

— Mais, repris-je, puisque M. Jacmel vous a dit

mon nom, ne vous a-t-il pas dit aussi celui de mon père?

— Il est possible que ce nom ait été prononcé dans la conversation que nous avons eue ensemble; mais je n'en ai conservé aucun souvenir; et si celui de Paul m'a frappé davantage, c'est parce que c'est aussi le mien : et encore l'aurais-je complétement oublié, si le mot de Popol ne m'avait remis sur la voie.

— Ainsi, dis-je en poussant un profond soupir et tout près de verser de nouvelles larmes, je ne pourrai jamais connaître ma famille!

— Et pourquoi cela, mon enfant? nous allons aller à Saint-Marc; nous y trouverons probablement des personnes de la connaissance de M. Jacmel qui auront aussi connu ta famille. Maintenant que la tyrannie de Dessalines et de Bambo ne pèsent plus sur le pays, nous pourrons, sans danger pour toi ni pour personne, nous procurer les renseignements nécessaires. D'ailleurs, sans aller si loin, je crois savoir que le portemanteau que M. Jacmel a laissé ce matin avec les effets de ta nourrice à l'anse aux Moules, renferme des papiers qui te concernent et qui nous éclairciront probablement ce mystère. »

Rassuré par ces paroles, je sentis en moi un peu de soulagement, et mes larmes se séchèrent. Tout en causant, le jour était arrivé, et le soleil resplendissait dans tout son éclat; car sous les tropiques il n'y a pas plus d'aurore que de crépuscule. Chaque jour, vers six heures du matin, on passe presque subitement des ténèbres à la lumière, et le soir à la même heure on passe aussi rapidement du grand jour à la nuit.

Il faisait donc grand jour quand nous arrivâmes à l'anse aux Moules. Toute la 19ᵉ légère était sur la plage, se préparant au départ; la musique de la demi-brigade faisait retentir le rivage de ses airs guerriers; les soldats allaient, venaient, s'appelaient les uns les autres. Ce bruit, ce mouvement, et surtout cette musique martiale, firent une profonde diversion à mes préoccupations. Le capitaine Verny nous conduisit auprès d'une cantinière qui déjà distribuait du rhum et de l'eau-de-vie aux soldats. « Madame Benoît, lui dit-il, je vous confie ces enfants; donnez-leur quelque chose à manger; je vais parler au colonel, et je reviendrai les reprendre dans un instant.

— C'est bien, capitaine, répondit la cantinière; mais je n'ai que du biscuit bien dur et du saucisson.

— C'est tout ce qu'il faut; à cet âge on a de bonnes dents, et l'on n'est pas difficile. » Et il se dirigea vers un groupe d'officiers qu'on apercevait à quelque distance.

A l'âge où nous étions, le chagrin, quelque vif qu'il soit, a peu d'influence sur l'appétit; et le nôtre, qui de plus était aiguisé par les fatigues de la nuit, ne demandait pas mieux que de trouver à se satisfaire. Nous dévorâmes donc à belles dents ce que la cantinière nous donna; puis elle nous fit boire quelques petits verres d'eau-de-vie, qui nous alourdirent bientôt la tête, et nous donnèrent une grande envie de dormir. Nous nous étendîmes sur le sable à l'ombre

du rocher, et aussitôt un profond sommeil s'empara
de nos sens et nous plongea dans l'oubli de nos
peines et de nos malheurs.

On nous laissa dormir assez longtemps, car le départ de la demi-brigade fut retardé par suite des nouvelles qui arrivèrent bientôt, d'abord par les nombreux déserteurs noirs, et ensuite par un aide de
camp du général Boudet. La tentative que devait
faire la 19e demi-brigade pour couper la retraite à
l'ennemi était devenue inutile par suite de la retraite
précipitée de Dessalines, et par la désertion en masse
de tous les noirs qui ne l'avaient pas accompagné
au delà de l'Artibonite. Or le nombre de ceux qui
l'avaient suivi n'était guère que de mille à douze
cents, sur dix mille dont se composait son corps
d'armée avant la bataille de Saint-Marc. Tout le
reste avait été mis hors de combat dans la bataille de
la veille, ou avait été fait prisonnier, ou s'était rendu
volontairement. Toute la rive gauche de l'Artibonite
jusqu'à la mer se trouvait donc entièrement libre,
et la 19e demi-brigade avait ordre de rallier à Saint-
Marc la division Boudet dans le courant de la journée, mais sans forcer sa marche, et en laissant aux
hommes le temps de se reposer et de prendre leur
repas. Or, comme le trajet n'était que de deux lieues,
le colonel fit mettre les armes en faisceaux, et annoncer que le départ n'aurait lieu que dans deux
heures et après le déjeuner de la troupe.

Nous dormîmes pendant presque tout ce temps-là.
Quelques instants avant le départ, le capitaine Verny

vint me réveiller, et me conduisit devant le chef de
brigade (tel était alors, comme nous l'avons dit, le
titre officiel des colonels). Il l'avait mis au courant de
mon histoire, ou plutôt de ce qu'il savait de mon
histoire. Il paraît qu'il lui avait un peu exagéré la
manière dont je m'étais conduit pendant la nuit lors
de l'attaque des noirs, car cet officier supérieur me
fit compliment du sang-froid et du courage que
j'avais montrés dans cette occasion ; puis il ajouta :
« Vous paraissez avoir des dispositions pour l'état
militaire ; vous êtes orphelin, et la seule personne
qui s'intéresse à vous aujourd'hui est le capitaine
Verny. Sur ce qu'il m'a dit de vous, vous pourrez
retrouver une famille en remplacement de celle
que vous avez eu le malheur de perdre. La 19ᵉ
demi-brigade vous adoptera pour son enfant, dans
l'espoir qu'un jour vous vous montrerez digne de
cette adoption. Voyez si cette proposition peut
vous convenir. Vous en causerez avec le capitaine
pendant la route que nous allons faire, et nous
déciderons cela à notre arrivée à Saint-Marc. Capitaine, ajouta-t-il, vous tâcherez de faire bien comprendre à cet enfant la nature de ma proposition,
afin que, s'il y donne son consentement, ce soit en
connaissance de cause. »

Le capitaine Verny m'emmena aussitôt, et m'annonça que nous allions partir pour Saint-Marc. Je
trouvai mes deux frères de lait qui attendaient
mon retour avec impatience ; comme nous nous
étions suffisamment refaits, nous étions parfaite-

ment disposés pour faire les deux lieues qui nous sé-
paraient de la ville. Il me tardait d'entendre ce que
le capitaine avait à me dire au sujet de la proposition
du colonel, à laquelle je n'avais pas compris grand'
chose. M. Verny n'attendit pas que je l'interrogeasse,
et dès que la colonne fut en mouvement, me prenant
à part, il me dit : « Tu as entendu, mon petit Paul,
la proposition du chef de brigade?

— Oui, Monsieur, répondis-je ; mais je ne comprends pas bien.

— Voici de quoi il s'agit. Dans chaque régiment
ou demi-brigade on reçoit un certain nombre
d'enfants qui, sous le nom d'*enfants de troupe*,
sont en quelque sorte les fils adoptifs du régiment.
Ils sont inscrits sur les registres du corps; ils en
portent l'uniforme, et reçoivent une solde et une
ration de vivres. On leur donne, autant que les
circonstances le permettent, une éducation plus ou
moins soignée, mais toujours militaire; et quand
ils sont en âge de contracter un engagement régu-
lier, il est rare, pour peu qu'ils aient une bonne
conduite, qu'ils n'obtiennent pas un avancement
rapide. Ces enfants sont toujours choisis parmi les
fils d'anciens militaires; mais, en raison des circonstances et du courage que tu as montré dans l'affaire de cette nuit, il sera fait une exception en ta
faveur. »

Je commençais à comprendre, et cette idée de me
voir habillé en militaire, d'avoir un plumet et des
épaulettes, un sabre, un fusil (car j'imaginais que

j'allais recevoir tout cela), me souriait beaucoup.

« Oh ! je serai bien content, m'écriai-je, de devenir un soldat français ; mais Zozo et Zacot pourront-ils aussi être reçus enfants de troupe?

— Pour eux, cela ne serait pas possible ; mais on pourra les engager dans la musique, et de cette manière ils resteront toujours dans la demi-brigade (1).

—Ah ! tant mieux, car je ne voudrais pas m'en séparer. Mais, maintenant que la 19° demi-brigade sera ma famille d'adoption, cela empêchera-t-il de rechercher ma famille véritable?

— Pas du tout, mon enfant : ce sera, au contraire, un motif de pousser les recherches avec plus d'activité; car nous y intéresserons le général de brigade et le général de division, peut-être même le général en chef; et il sera bien difficile alors que nous n'obtenions pas, d'un côté ou d'un autre, quelques renseignements précis. J'avais espéré, comme je te l'ai dit, en trouver dans les papiers contenus dans le portemanteau de M. Jacmel, et pendant que tu dormais j'étais allé à la recherche de ce portemanteau. Malheureusement il a disparu, ainsi que les paquets apportés par ta nourrice et tes frères de lait. Il paraît que ces objets ont été embarqués sur les chaloupes qui sont retournées à l'escadre à la marée descendante; j'ai recommandé

(1) A cette époque, dans la plupart des musiques des régiments, il y avait des nègres qui étaient chargés de la grosse caisse, des cymbales, des chapeaux chinois, de la caisse roulante, en un mot, des instruments de percussion.

à un officier de marine qui attend la marée prochaine pour regagner son bord, d'en prendre des informations; mais je crains bien que ces objets n'aient été tout à fait égarés (cette prévision du capitaine ne s'est que trop vérifiée, car jamais je n'ai entendu parler du portemanteau de M. Jacmel ni de son contenu). Il faut en prendre son parti, ajouta M. Verny; d'ailleurs j'espère que nous trouverons à Saint-Marc des personnes qui pourront nous fournir de bons renseignements, ou du moins nous mettre sur la voie. »

Cette dernière espérance du capitaine fut encore trompée. Quand nous arrivâmes à Saint-Marc, le plus horrible spectacle s'offrit à nos regards : l'incendie achevait de dévorer cette malheureuse ville; pas une maison debout, pas un seul être vivant; mais seulement quelques centaines de cadavres blancs à demi consumés. Nous savions bien que Dessalines avait mis le feu à la ville; mais, comme sa retraite avait été précipitée, nous pensions qu'on aurait eu le temps d'arrêter les progrès de l'incendie, et nous étions loin de nous attendre à un aussi épouvantable désordre (1).

(1) Voici les détails que donne sur cet événement un témoin oculaire, le général Pamphile Lacroix.

« D'après les ordres de Dessalines, des barils de poudre, d'eau-de-vie, d'huile et de goudron avaient été répartis des magasins de l'État sur différents points; sa propre maison, dont la construction toute récente et dont l'ameublement splendide lui coûtaient plusieurs millions, avait été remplie de bois goudronné, de la cave au grenier.

« Il tint à honneur de donner l'exemple du sacrifice, et il le fit d'une manière solennelle. Après avoir distribué des torches à ses

Notre demi-brigade rejoignit la division Boudet, campée à quelque distance de la ville, et le lendemain matin nous allâmes nous établir sur les bords de l'Artibonite, en vue du bourg de la Petite-Rivière, sur la route même qu'avait suivie Dessalines dans sa retraite. Mais là, le général Boudet apprit que Dessalines, après avoir renforcé la garnison du fort de la Crète-à-Pierrot, s'était dirigé, par les crêtes Fonts-Baptistes et des Matheux, sur les Arcahayes, et que par cette contre-marche rapide il s'acheminait vers le Port-au-Prince, dans le but de surprendre cette ville, qui comptait à peine six cents hommes de garnison. Aussitôt le général Boudet donne l'ordre de décamper, et de revenir à marches forcées sur Port-au-Prince, dont la conservation l'occupait essentiellement; car il craignait sans cesse qu'un acte de désespoir du chef noir ne lui enlevât le mérite de la conquête de cette capitale de la colonie.

Il y avait près de vingt lieues du point où nous étions à Port-au-Prince. Ni moi ni mes camarades

officiers, il en saisit une, l'alluma à un grand feu qu'il faisait entretenir depuis deux jours au milieu de la place d'armes, et donna lui-même le signal de l'incendie, en posant sa torche sur l'amas de bois goudronné qui remplissait le vestibule de sa maison. Dans un instant l'incendie fut général.

« Malgré la promptitude de sa marche, le général Boudet, en arrivant au point du jour, ne trouva plus une maison debout, et ne rencontra plus d'êtres vivants : il ne restait à Saint-Marc que deux cents cadavres blancs, de tout sexe, parmi lesquels gisaient aussi ceux de quelques hommes de couleur. Dessalines, en fuyant, avait livré ces malheureux à la rage de ses bandes. »(PAMPHILE LACROIX *Mémoires pour servir à la révolution de Saint-Domingue*, t. II, p. 142 et 143.)

nous n'aurions pu faire à pied une si longue traite.
Le bon capitaine Verny y pourvut. Il nous fit monter chacun sur des mulets chargés de transporter les
vivres et les bagages, et nous recommanda aux bons
soins de Mme Benoît. De cette manière nous suivîmes
sans fatigue le mouvement de la division.

En arrivant à Port-au-Prince, le général Boudet
apprit que Dessalines avait effectivement fait une
tentative sur cette ville; mais elle avait échoué, grâce
à la bonne contenance du général Pamphile Lacroix,
chargé de la défense de la place. Pour ne pas exposer
une ville si importante à de nouvelles entreprises de
l'ennemi, Boudet ne cessait d'y appeler le général
en chef Leclerc, qui s'y rendit enfin des Gonaïves,
quelques jours après notre arrivée.

Pendant les marches et contre-marches des jours
précédents, et même pendant les premiers jours de
notre arrivée à Port-au-Prince, j'avais à peine entrevu le capitaine Verny, et je n'avais plus entendu parler de la proposition du chef de brigade
de la 19e. Cependant je n'en étais pas moins bien
traité par les braves soldats de ce corps. Tous sa-
vaient l'intérêt que me portait le capitaine Verny,
un des officiers les plus aimés de la demi-brigade;
de plus les carabiniers (1) qui faisaient partie du
peloton au moment où nous avions été assaillis par
les noirs auprès de notre ancienne case, n'avaient

(1) On donnait, dans les régiments d'infanterie légère, le nom de
carabiniers aux compagnies d'élite que dans les régiments de ligne
on appelle grenadiers.

pas manqué de raconter à leurs camarades tous les
détails de cette affaire, en exaltant la part que j'y
avais prise. Selon eux, j'avais montré le sang-froid
et le courage d'un vieux troupier, j'avais même
fait le coup de feu; et l'un d'eux affirmait que
c'était la balle de mon fusil qui avait tué l'officier
noir qui commandait la troupe. Ces récits, que
je ne démentais pas, et qui flattaient singulièrement ma petite vanité, me firent bientôt une répu-
tation extraordinaire, non-seulement dans notre
demi-brigade, mais dans les autres corps de la division. Les soldats m'avaient surnommé le *petit héros
de Saint-Marc*, et mon histoire et mon surnom
passèrent de la bouche des soldats dans celle des
officiers, et arrivèrent jusqu'aux oreilles du général
en chef (1). Celui-ci en parla un jour au général
Boudet, qui lui raconta ce que lui avait dit le chef
de brigade de la 19ᵉ, d'après le rapport du capitaine de carabiniers Verny, homme loyal et sur la
véracité de qui l'on pouvait compter.

« Il paraît, d'après ce que vous me dites, reprit le
général Leclerc, que cet enfant appartenait à une
bonne famille qui aurait été victime des premiers
troubles de la révolution et de la cruauté des noirs.
Un des objets de notre expédition est de réparer

(1) Le titre officiel du général Leclerc, pendant l'expédition de
Saint-Domingue, était celui de capitaine-général ; ce n'est qu'après
l'enlèvement de Toussaint-Louverture qu'il prit le titre de général
en chef; mais comme il l'était de fait, nous lui donnerons indifférem-
ment l'un ou l'autre titre.

autant que possible les injustices et les malheurs de
ces temps de calamités. Dites au chef de brigade de
la 19ᵉ de m'amener cet enfant avec son protecteur, le
capitaine Verny; nous verrons s'il y a moyen de dé-
couvrir son origine, et dans tous les cas ce qu'il sera
possible de faire pour lui.

CHAPITRE IV

Le lendemain du jour où le général en chef avait parlé de moi au général Boudet, le capitaine Verny vint me prendre pour me conduire chez son colonel, et de là chez le général Leclerc. Le brave Verny était enchanté de la tournure que prenait mon affaire, et il en augurait monts et merveilles pour mon avenir.

Arrivés au quartier général, on nous introduisit dans le cabinet où nous attendait le beau-frère du premier consul. « C'est donc là, dit-il, en adressant la parole au colonel, cet enfant dont j'entends parler depuis quelques jours? Il a bonne mine, ajouta-t-il en me regardant fixement; il a dans la physionomie quelque chose qui promet, et j'espère qu'il tiendra parole. Vous pensez, colonel, qu'il est fils d'un riche planteur de l'île?

— Je ne sais, mon général, que ce que j'ai appris du capitaine Verny, ici présent, et qui peut mieux que moi vous renseigner sur ce sujet.

— Eh bien, que savez-vous, capitaine? demanda le général.

— Malheureusement, répondit le capitaine, mes renseignements sont incomplets; et s'ils suffisent pour faire supposer avec toute vraisemblance, je dirais presque avec certitude, que cet enfant appartient à une famille honorable, ils ne vont pas jusqu'à nous faire connaître le nom de cette famille. Voici tout ce que j'ai appris sur lui, et comment je l'ai appris.

Au moment de quitter la France pour faire partie de l'expédition de Saint-Domingue, je reçus la visite d'un de mes anciens amis qui me pria de me charger d'une lettre pour son beau-frère, qui habitait cette colonie. « Voilà quinze ans, me dit-il, qu'il est parti, et nous n'avons reçu que deux ou trois fois de ses nouvelles. Ma femme, qui aime tendrement son frère, désire ardemment le revoir, et si vous avez l'occasion de le rencontrer, dites-lui combien nous serions heureux de l'avoir auprès de nous. Il se nomme Jacmel, et il habite, comme vous l'indique la sus- cription de la lettre, la petite ville de Saint-Marc, dans les environs de Port-au-Prince. » Je promis à mon ami de faire tout mon possible pour remplir la commission dont il me chargeait.

Les circonstances semblèrent d'abord me favoriser

pour l'accomplissement de ma promesse. Nous venions de nous emparer de Port-au-Prince, Dessalines s'était retiré dans le sud, les communications avec Saint-Marc n'étaient pas interceptées. J'en profitai pour faire parvenir la lettre de mon ami à sa destination, en l'accompagnant d'une autre de moi dans laquelle j'engageais M. Jacmel à venir me trouver à Port-au-Prince pour que je pusse lui donner de vive voix des nouvelles de sa famille. Trois jours après il arriva. Après que je lui eus fait connaître le désir de sa sœur, il me répondit qu'il ne demandait pas mieux que de retourner en France ; mais qu'il voulait tâcher auparavant de profiter de la présence des troupes françaises pour réunir les débris de sa fortune, et faire rendre au fils d'un de ses bienfaiteurs une partie des biens de sa famille. Il attendait avec impatience que nous nous fussions emparés de Saint-Marc et de tout le département de l'Artibonite : car jusque-là, disait-il, sa vie et celle de tous les blancs ne tenaient qu'à un fil. « Vous devriez, lui répondis-je, puisque vous vous trouvez maintenant en sûreté ici, y rester jusqu'à ce que nous ayons occupé cette partie de la colonie.

« —Oh ! me répondit-il, depuis dix ans j'ai vu tant de fois la mort de près, que je ne la crains plus ; cependant ce n'est pas pour l'affronter de gaieté de cœur que je veux retourner à Saint-Marc, ce n'est même pas pour veiller à mes intérêts personnels ; c'est pour veiller à la sûreté de ce jeune orphelin dont je vous ai parlé. Si j'avais pu l'amener avec moi aujourd'hui, je ne songerais pas à quitter Port-au-Prince avant que Saint - Marc fût délivré de tout sujet de crainte de la part des noirs.

« — Vous tenez donc beaucoup à cet enfant ? Est-il votre parent ?

« — Non, il n'est pas mon parent, mais son père a été pour moi plus que ne sont bien souvent les parents les plus proches : il a été un ami dévoué, un bienfaiteur généreux, et je veux témoigner au fils toute la reconnaissance que je devais au père. En 1793, il a été assassiné par ses noirs révoltés ; trois de ses enfants ont été massacrés avec lui ; sa femme, soustraite à la mort par le dévouement d'une esclave qui lui était restée fidèle et qui nourrissait son dernier enfant, a succombé quelque temps après, en recommandant à sa nourrice de venir me trouver avec son fils. Elle la chargea pour moi d'une lettre dans laquelle elle me disait : « Je vous lègue mon « petit Paul ; je vous connais assez pour être sûre « que vous accepterez ce legs, et cette pensée me « console dans mes derniers moments. » J'habitais déjà Saint-Marc à cette époque, et comme l'habitation de mon ami se trouvait assez éloignée dans l'intérieur des terres, je n'avais pas encore entendu parler de la terrible catastrophe qui avait atteint cette famille, quand la nourrice arriva chez moi avec cet enfant et la lettre de sa maîtresse. Elle me raconta tous les détails de ce drame affreux, ajoutant qu'elle craignait même encore pour la vie de son nourrisson ; car un nègre nommé Bambo, le chef de cette

révolte, avait juré qu'il ne laisserait pas vivant un
seul être de cette famille. Après avoir réfléchi quelques instants sur le parti que j'avais à prendre, je
me décidai à conduire la négresse et son nourrisson
dans une petite propriété que j'avais achetée sur les
bords de l'Artibonite, à deux lieues environ de Saint-
Marc. J'y fis construire une case pour la loger elle
et ses enfants, et je lui abandonnai la jouissance d'un
jardin où elle cultivait des fruits, des légumes, et ce
que nous appelons des *vivres* (1). C'est là qu'elle a
élevé jusqu'à présent ce pauvre orphelin, avec ses
propres enfants. Elle a apporté dans cette tâche une
sollicitude toute maternelle, dont j'étais vivement
touché chaque fois que j'ai eu l'occasion d'en être
témoin. Vous comprenez maintenant, ajouta-t-il,
tout l'intérêt que je porte à cet enfant, et combien je
désire le soustraire aux dangers qui le menacent
encore; car ce nègre Bambo, dont je vous ai parlé,
s'est emparé des propriétés de son père, qu'il a parta-
gées, m'a-t-on dit, avec Dessalines; or, s'ils soupçon-
naient l'un ou l'autre l'existence d'un héritier légitime
de ces biens, ils ne reculeraient devant aucun moyen
pour le faire disparaître, surtout au moment où
l'arrivée d'une expédition française leur annonce le
retour de la justice et de l'ordre. Aussi nous avons

---

(1) On donne aux Antilles le nom générique de *vivres* aux pro-
ductions végétales du pays qui servent crues à la nourriture des
indigènes, telles que la patate, le tayo ou chou caraïbe, l'igname,
les bananes, les pois, le maïs, le coco, et généralement tous les
fruits.

en soin, la nourrice et moi, de ne jamais prononcer devant un étranger le nom de cet enfant, et de le lui laisser ignorer à lui-même, jusqu'à ce qu'il soit en âge de discrétion, ou que ce nom ne soit plus pour lui un péril. »

Tel est le résumé de ma première entrevue avec M. Jacmel.

— Dans toute cette conversation, demanda le général Leclerc, ce M. Jacmel ne vous a donc pas nommé la famille de cet enfant?

— Il est possible qu'il ait prononcé son nom; mais comme je n'y attachais aucune importance, j'y ai fait peu d'attention et je n'en ai gardé aucun souvenir. Si j'avais pu prévoir alors ce qui est arrivé, je n'aurais pas négligé un renseignement de cette importance.

— Mais vous l'avez vu depuis; ne vous a-t-il rien dit de plus?

— Notre seconde entrevue, mon général, a été courte, car ni lui ni moi nous n'avions le temps de causer. C'est à l'époque de l'expédition de Saint-Marc. Le général Boudet avait ordonné au chef de brigade Valabrègue, qui se trouvait aux Arcahayes, de marcher sur Saint-Marc par la route de terre, tandis que lui-même avec le reste de sa division s'y rendrait par mer. Le général débarqua au Mont-Rouis, et envoya la 19ᵉ demi-brigade occuper l'embouchure de l'Artibonite et remonter cette rivière jusqu'à la route de Saint-Marc aux Gonaïves, où vous vous trouviez alors, citoyen général, afin d'empêcher l'ennemi de couper nos communications avec vous, ou de l'inquiéter dans sa retraite. L'escadrille de bâtiments légers qui portait notre demi-brigade jeta l'ancre dans une petite baie voisine de l'embouchure du fleuve, attendant la marée pour entrer dans le fleuve lui-même. J'étais chargé de commander l'avant-garde, et toute ma compagnie était déjà répartie sur les embarcations qui devaient la transporter, quand un petit canot monté par un seul homme et deux rameurs s'approcha de ma chaloupe, et demanda à parler à l'officier qui commandait le détachement. « Le voici, dis-je, en m'approchant du canot: que lui voulez-vous ?

« — Ah ! c'est vous, capitaine Verny, me répondit une voix que je reconnus aussitôt pour être celle de M. Jacmel: que je suis heureux de vous rencontrer ! Je suis depuis ce matin avec anxiété tous les mouvements de votre flottille ; nous sommes, tous les blancs qui habitons Saint-Marc, sous le coup d'une menace de mort incessante, et qui s'exécutera probablement dès l'instant que les noirs se verront vaincus dans le combat qui va se livrer. Y aurait-il moyen de me recevoir dans vos embarcations avec l'enfant dont je vous ai parlé ?

« — Pour mon compte, répondis-je, non-seulement je n'y vois aucun inconvénient, mais même je le ferais avec le plus grand plaisir ; seulement je ne suis pas le maître sur l'élément où nous nous trouvons, et c'est au citoyen officier de marine qu'il faut vous adresser. » Et en même temps je lui présentai cet offi-

cier, qui se trouvait sur la même chaloupe que moi.
« Nous nous proposons, dit l'officier, de remonter
l'Artibonite par la marée de la nuit prochaine jusqu'à
l'anse aux Moules. Trouvez-vous-y à cette heure, et
pour nous faire connaître votre présence, vous siffle-
rez trois fois coup sur coup avec cet instrument (et
il lui remit un sifflet de contre-maître). Ce signal nous
avertira de votre présence, et en même temps de
l'absence de l'ennemi. Aussitôt le débarquement des
troupes opéré, vous pourrez vous embarquer vous-
même avec les personnes que vous aurez amenées
avec vous. »

Ces faits convenus, M. Jacmel se hâta de regagner la terre, et nous ne le revîmes qu'à l'anse aux
Moules. » Ici le capitaine répéta tout ce qui s'était
passé depuis cet instant jusqu'à l'attaque des noirs
et la mort de M. Jacmel. Il fit de nouveau l'éloge du
sang-froid que j'avais montré dans cette affaire, tout
en retranchant de son récit les circonstances inven-
tées ou exagérées par l'imagination des soldats.

Quand le capitaine eut cessé de parler, le général
lui demanda si, avant de procéder à l'inhumation de
M. Jacmel, on s'était assuré qu'il n'avait point sur lui
de papiers qui eussent peut-être jeté quelque jour
sur l'état civil de son petit protégé. « Cette recherche
a eu lieu, répondit le capitaine; mais on n'a rien
trouvé. S'il avait avec lui des papiers, je pense qu'ils
étaient serrés dans un portemanteau qu'il portait
avec lui quand il nous a rejoints à l'anse aux
Moules. » Il raconta ensuite que ce portemanteau ne

s'était plus retrouvé, et qu'il avait probablement été embarqué avec d'autres effets laissés sur le rivage au moment où les chaloupes avaient regagné l'escadrille.

« Je donnerai, dit le général, des instructions au contre-amiral Latouche-Tréville pour qu'il soit fait une recherche exacte de ces objets sur les divers bâtiments de sa division. En attendant, citoyens, nous allons passer au salon, où ma femme, qui désire beaucoup connaître le *petit héros de Saint-Marc,* nous attend avec quelques-uns des principaux habitants de Port-au-Prince. Peut-être s'en trouvera-t-il parmi eux qui auront connu M. Jacmel et ses relations, et qui par suite pourront nous fournir quelques renseignements utiles. »

Le général Leclerc se leva aussitôt et nous dit : « Suivez-moi, je vais vous montrer le chemin et vous présenter moi-même. »

Nous traversâmes plusieurs pièces richement meublées, et enfin nous arrivâmes dans un salon tout resplendissant de glaces, de dorures, de lustres, de vases de porcelaine remplis de fleurs. Moi qui n'avais jamais vu que la case de ma nourrice et le logement assez modeste de M. Jacmel, j'étais ébloui et comme ravi en extase. Mes pieds osaient à peine fouler le magnifique tapis de sparterie qui recouvrait le parquet ; mes yeux ne pouvaient se détacher des objets merveilleux qui m'entouraient. Une nombreuse société remplissait le salon. Des dames en riches et brillantes toilettes étaient assises sur des canapés, et

formaient un demi-cercle autour de la reine du lieu,
la belle Pauline Bonaparte, alors simplement madame
Leclerc, mais qui semblait déjà se préparer au rôle
de princesse qu'elle devait remplir bientôt (1). Une
foule d'officiers généraux et d'officiers supérieurs de
l'armée de terre et de la marine se tenaient debout,
et formaient divers groupes, causant entre eux ou
avec les dames. Au milieu de ces brillants uniformes
et de ces riches toilettes, on remarquait les costumes
assez variés des colons invités à cette soirée. Les plus
jeunes portaient des habits à courte taille et à longues
basques, les cheveux nattés ou coupés à la *Titus*, la
cravate énorme, à plis redoublés et dans laquelle
disparaissait le menton, les culottes de nankin ou de
soie collantes avec des bas de soie blancs et des sou-
liers à boucles d'or. C'était à peu près le costume des
incroyables du temps du Directoire ; mais à deux
mille lieues de Paris, il était permis d'être un peu
en retard sur la mode. Quant aux anciens planteurs,
ils étaient bien autrement arriérés. Leur costume
était encore celui du temps de Louis XVI, la per-
ruque poudrée avec la queue ou la bourse, le cha-
peau tricorne, l'habit sans revers à larges bou-
tons, la culotte de même étoffe que l'habit, et la
veste à larges poches pendantes, au lieu du gilet
étriqué.

Je n'ai pas besoin de dire à quel point je me

(1) Pauline Bonaparte, peu de temps après la mort du général
Leclerc, épousa le prince Borghèse.

trouvais embarrassé au milieu de cette nombreuse
et brillante société. Je me tenais tout honteux derrière le capitaine Verny, quand le général, après
avoir présenté à sa femme le colonel et le capitaine,
vint me prendre par la main et me conduisant auprès
d'elle lui dit d'un ton à demi sérieux : « Madame,
voilà le *grand héros de Saint-Marc*, que j'ai l'honneur de vous présenter.

— Approchez, mon brave enfant, » me dit-elle en
me tendant la main.

Je présentai timidement la mienne, et, m'attirant
à elle, elle me donna un baiser sur le front.

« Il est très-gentil votre petit héros, ajoûta-t-elle
en s'adressant au colonel. Que comptez-vous en
faire ?

— Mon intention serait, avec le consentement du
capitaine général, de le recevoir dans ma demi-brigade en qualité d'enfant de troupe.

— Certainement j'y consens de tout mon cœur,
répondit le général Leclerc : de plus j'entends qu'il
porte les épaulettes de carabinier, pour rappeler sa
belle conduite auprès de Saint-Marc, et que demain
vous, capitaine Verny, vous annonciez cette décision
à votre compagnie.

— Merci, mon général, répondit avec empressement le capitaine, je n'y manquerai pas.

— Mais sous quel nom, reprit le colonel, le ferai-
je inscrire sur les contrôles ?

— On ne sait donc pas son vrai nom ? dit Mme Leclerc.

— Non, Madame, » répondit le colonel; et il se mit à raconter mon histoire. Le capitaine fut aussi questionné, et le général Leclerc pria tous les colons qui se trouvaient présents d'écouter ces détails, et de donner tous les renseignements qui pouvaient être à leur connaissance. Plusieurs d'entre eux avaient connu M. Jacmel depuis qu'il s'était fixé à Saint-Marc, mais personne ne connaissait ses relations antérieures. Un seul savait qu'il avait quelque temps habité la ville du Cap, et plus tard les environs des Gonaïves ; mais aucun de ces renseignements ne pouvait mettre sur la trace de la famille à laquelle j'appartenais.

« D'ailleurs, l'événement dont cette famille aurait été victime, fit observer un des colons, remonte à près de dix ans ; ces sortes de catastrophes eurent lieu à cette époque principalement dans les environs du Cap et dans l'intérieur des terres du département du Nord. Un grand nombre de familles ont péri de la même manière, sans laisser aucune trace ; et de plus la plupart d'entre elles n'étaient pas connues de nous autres habitants de Port-au-Prince. Sans cela peut-être pourrions-nous, par quelque ressemblance dans les traits, indiquer à peu près ses parents, autant toutefois qu'on peut le faire par un tel moyen ; mais cette ressource elle-même nous manque, comme je l'ai dit tout à l'heure.

— Mais est-on bien sûr, objecta Mme Leclerc, qu'il appartienne à une famille blanche? On aurait peine à le croire en voyant son teint si basané. »

Cette observation me fit monter le rouge à la figure. Je ne sais par quel instinct, dont il me serait impossible de rendre compte, je me sentais humilié de ce qu'on pouvait supposer que j'appartinsse à une autre race qu'à la race blanche, et surtout de ce que ce doute fût formulé par une personne qui m'avait montré tant de bienveillance et vers laquelle mon cœur se sentait entraîné. Heureusement mon anxiété ne dura pas longtemps.

« La couleur plus ou moins foncée de son teint, reprit le vieux colon qui venait de parler, et dont l'opinion paraissait avoir un certain poids, ne prouverait pas grand'chose ; car on peut avoir le teint beaucoup plus clair que lui, et cependant être de sang mêlé, tandis que des teints plus foncés encore que le sien peuvent appartenir à la race blanche pure. Mais nous avons un moyen infaillible de reconnaître la vérité à cet égard, et ce moyen le voici. »

Prenant alors une de mes mains dans les siennes, sans la regarder d'abord, il ajouta : « Si cet enfant a du sang mêlé dans les veines, n'importe à quel degré, cela se reconnaît aussitôt à la racine des ongles, où il existe dans ce cas une ligne brune ou noirâtre plus ou moins foncée. »

Cela dit, il examina mes mains, et les fit voir à Mme Leclerc et aux personnes qui se trouvaient à côté d'elle. Tout le monde reconnut que la ligne en question n'existait pas ; et je fus proclamé *blanc de pure race*.

Cet examen terminé, le général Leclerc dit : « Voilà

qui est bien entendu : l'enfant est bien de race
blanche ; mais tout cela ne nous apprend pas sous
quel nom le chef de brigade de la 19ᵉ légère, ainsi
qu'il le demandait tout à l'heure, le fera inscrire sur
les contrôles de son corps.

— Vous voilà bien embarrassés ! s'écria Mᵐᵉ Leclerc avec vivacité. Cet enfant a reçu, il y a huit
jours, le baptême de feu ; il a eu pour parrains des
braves de la 19ᵉ demi-brigade, qui l'ont nommé le
petit héros de Saint-Marc : eh bien, moi, je serai sa
marraine, et vous l'inscrirez tout simplement sous
le nom de *Paul de Saint-Marc*. Si plus tard on dé-
couvre sa famille, on lui rendra son véritable nom ;
en attendant, celui-là en vaut bien un autre. »

Chacun applaudit à cette idée de Mᵐᵉ Leclerc. —
Voilà, disait-on, une pensée bien digne d'une sœur
de Bonaparte. — Je me ressentis à mon tour de la
bienveillance que me montrait la femme du capitaine
général ; je fus choyé, caressé par toutes les dames,
et quand on apporta les rafraîchissements, c'était à
qui me bourrerait de gâteaux et de sucreries.

Au moment où nous nous retirâmes, le colonel,
le capitaine et moi, le général Leclerc dit au colonel :
« Allons, voilà qui est entendu ; ma femme a décidé
la question quant au nom de cet enfant : seulement
vous n'écrirez pas *de Saint-Marc* ; cela sentirait trop
le ci-devant, et nous sommes encore en république :
vous mettrez sur vos registres Paul Saint-Marc
tout court.

— Cela sera fait, mon général, répondit le chef

de brigade ; j'y avais même déjà pensé, toutefois je suis bien aise que vous m'en ayez parlé le premier. »

En quittant l'hôtel du général, j'étais dans le ravissement ; mais il y avait quelqu'un peut-être plus content que moi encore : c'était mon brave capitaine Verny. Il ne se possédait pas, il se frottait les mains, il m'embrassait ; il aurait, je crois, sauté de joie, s'il n'eût été retenu par la présence de son chef de brigade. Il m'a souvent répété depuis qu'il n'avait jamais été si content, pas même le jour où il fut nommé commandant, et où il reçut la croix d'honneur.

CHAPITRE V

L'accueil que j'avais reçu chez le capitaine général fut bientôt connu de toute la demi-brigade. C'était à qui me ferait répéter tous les détails de cette soirée. Les paroles de la sœur du premier consul, quand elle avait décidé sous quel nom je devais être inscrit comme enfant de troupe, flattaient singulièrement les braves de la 19ᵉ.

« Son frère, affirmait un vieux carabinier qui avait fait toutes les campagnes d'Italie, son frère n'aurait pas mieux dit.

— Ma foi, reprenait un autre, le petiot a de la chance tout de même d'avoir une marraine de ce numéro-là.

— Et d'aussi crânes parrains que nous autres, ajoutait un troisième.

— Tiens, tiens, observa un sapeur bel esprit, voilà-t-il pas que maintenant les troupiers de la 19ᵉ seront les compères de la citoyenne générale Leclerc. Ma foi, tant pis! la première fois que je serai de planton au quartier général, quand je la verrai passer, je lui dirai : Salut, ma commère! » Et en disant ces mots, il portait le revers de la main droite à son bonnet à poil, avec un sérieux comique qui fit éclater de rire tous les assistants.

« Ah çà, demanda le vieux carabinier d'Italie, songe-t-on à habiller notre filleul? il ne faut pas qu'il paraisse à la première revue avec cette veste et ce pantalon qui le font ressembler à un pierrot du boulevard du Temple.

— Le capitaine Verny s'en occupe, répondit un caporal de la compagnie, et vous savez que quand notre capitaine s'occupe de quelque chose, cela marche rondement.

— A la bonne heure! reprit le vieux grognard, comme on l'appelait dans la demi-brigade : eh bien! en attendant, buvons à la santé du filleul, de la marraine et de tous ses parrains!

— Adopté! » crièrent quarante à cinquante voix à la fois; et, comme la scène que je viens de raconter se passait à côté de la cantine, la motion fut exécutée aussitôt que mise aux voix. Je fus obligé de trinquer avec eux à plusieurs reprises, et sans les observations de Mᵐᵉ Benoît la cantinière, mes *parrains* m'auraient probablement grisé, pour mieux fêter ma réception dans leurs rangs.

Le fait est que pour un enfant de troupe j'étais passablement gâté, non-seulement par les soldats, mais encore par tous les officiers de la demi-brigade. Mes deux frères de lait se ressentirent de la faveur dont je jouissais, et, sans qu'ils fussent traités avec autant de bienveillance que moi, on eut pour eux plus d'égards que s'ils m'eussent été étrangers. Cependant un officier d'une demi-brigade coloniale qui des premières avait fait sa soumission, demanda à notre chef de brigade de prendre dans son corps ces deux petits négrillons. Notre chef y consentit; mais quand on annonça cette nouvelle à ces enfants, Joseph jeta les hauts cris, en disant qu'il ne voulait pas se séparer de *petit maître*; Jacques, au contraire, se montra tout disposé à entrer dans un corps composé en entier de soldats de sa couleur. On me fit intervenir dans l'affaire. Je déclarai que je me séparerais avec beaucoup de peine de Zozo; que quant à Zacot, puisqu'il était content d'entrer dans une demi-brigade noire, je le verrais sans peine nous quitter. La chose fut arrangée dans ce sens. Jacques fut incorporé dans la 13ᵉ demi-brigade coloniale en qualité d'enfant de troupe, et Joseph fut enrôlé dans la nôtre comme musicien. A la première revue nous figurâmes, Zozo et moi, en uniforme, moi avec les épaulettes de carabinier, et Zozo avec un triangle, suivant les musiciens. Tous deux nous étions fiers de notre tenue, moi surtout de mes épaulettes, et Zozo de son instrument, qu'il faisait tinter continuellement.

Le jour de cette revue, je fus présenté avec mon uniforme à Mme la générale Leclerc, qui me fit un accueil plus gracieux encore que la première fois. Ce fut encore pour moi un jour de fête ; mais ce fut le dernier. La revue que venait de passer le général en chef était le signal du départ et d'une reprise active des hostilités.

Malgré des marches pénibles, des combats brillants soutenus dans l'ouest et dans le nord ; malgré de nombreux succès partiels obtenus presque partout, aucun résultat décisif n'avait encore été acquis. L'armée de Toussaint-Louverture ne présentait plus de résistance régulière ; mais, disloquée en plusieurs corps, il était difficile d'en atteindre les débris, qui renaissaient et reprenaient une nouvelle vie quand on croyait les avoir détruits.

Le capitaine général, ayant appris que Toussaint concentrait tout ce qui lui restait de forces dans les mornes du Chaos (1), résolut d'aller l'y poursuivre. En conséquence, il avait fait marcher sur divers points de ces mornes le général Hardy et le général Rochambeau, tandis que le général Debelle avec une division de deux mille hommes se porterait de Gonaïves sur l'Artibonite. Les deux premiers généraux ne rencontrèrent que les obstacles naturels

(1) On donne aux Antilles le nom de *morne* à de petites montagnes. Les mornes du Chaos sont un groupe de montagnes sur la rive droite de l'Artibonite. Tous leurs débouchés sont susceptibles de défense ; l'entrée principale de ces mornes était couverte par le fort de la Crête-à-Pierrot.

de ce pays accidenté. Mais Debelle trouva près du bourg de la Petite-Rivière les bandes de Dessalines ; il les poursuivit aussitôt la baïonnette dans les reins, jusque sous les glacis de la Crête-à-Pierrot. Les noirs, pour démasquer la division Debelle, se jetèrent dans les fossés et les écores (1) où s'appuie le fort du côté de l'Artibonite ; aussitôt la redoute vomit une décharge de mitraille et de mousqueterie qui renversa trois à quatre cents de nos braves. Le général Debelle et le général de brigade Devaux furent tous les deux grièvement blessés, et la division fut obligée de se replier et d'aller prendre une position en arrière, hors de la portée du canon de la forteresse.

Le capitaine général, instruit de cet échec, fit partir le général Boudet avec toutes les troupes disponibles de sa division ; le général de brigade Pamphile Lacroix commandait sous ses ordres. A mon grand regret, on ne me permit pas de suivre ma demi-brigade, et je vis avec douleur s'éloigner mes braves amis, dont je ne devais plus revoir un grand nombre.

Le capitaine Verny m'a souvent raconté les détails de cette expédition ; et comme ils sont en tout conformes à ceux qu'en a publiés le général Pamphile Lacroix, je vais extraire des mémoires de ce dernier les passages les plus intéressants. On y verra un aperçu de ce qu'était cette guerre épouvantable.

(1) *Écores* est un terme de marine usité dans les colonies pour désigner non-seulement les escarpements des côtes, mais même ceux qui sont produits dans l'intérieur des terres par l'éboulement des montagnes ou l'encaissement des rivières.

« Nous nous portâmes sur les Verrettes (c'est le
général Lacroix qui parle) pour nous réunir, dans
les plaines de l'Artibonite, aux troupes du général
Debelle ; la blessure de ce général ne lui permettant
plus de commander, le général Dugua, chef de
l'état-major de l'armée, se rendit par mer à Saint-
Marc pour le remplacer dans le commandement de sa
division...

« Le 4 mars (1802), le détachement du chef de
brigade d'Hénin prit poste aux Mirebalais, sans y
trouver d'ennemis ; d'après le système de défense
prescrit aux noirs par Toussaint - Louverture, le
bourg du Mirebalais et ses campagnes étaient incen-
diés. Dessalines, en y passant, avait fait égorger deux
à trois cents personnes sur l'habitation Chivry.

« Le général Boudet arriva le 9 mars aux Verrettes. Sur la place de ce bourg, encore réduit en
cendres, nous trouvâmes un champ de carnage encore plus considérable, dont le tableau déchirant
n'est jamais sorti de ma mémoire : c'était l'entas-
sement de huit cents malheureux blancs égorgés la
veille par Dessalines.

« Le sexe et l'âge n'avaient pas trouvé compassion
devant l'artisan de cette boucherie.

« Les cadavres amoncelés présentaient encore l'attitude de leurs derniers moments ; on en voyait d'a-
genouillés, les mains tendues et suppliantes ; les
glaces de la mort n'avaient pas effacé l'empreinte de
leur physionomie ; leurs traits peignaient autant la
prière que la douleur.

« Des filles, le sein déchiré, avaient l'air de demander quartier pour leurs mères ; des mères couvraient de leurs bras percés des enfants égorgés sur leur sein.

« On apercevait des jeunes gens en avant de leurs pères, traversés du coup qu'ils voulaient leur épargner et qui les avait atteints ; on reconnaissait aussi de jeunes femmes massacrées en serrant dans leurs bras leurs pères ou leurs époux ; les amis et les familles pouvaient se distinguer, ils se tenaient par la main ; plusieurs d'entre eux étaient morts en s'embrassant, et la mort avait respecté leur attitude.

« Nos soldats étaient si braves, que ce spectacle horrible, loin de les effrayer, ne les rendit que plus ardents dans le désir d'atteindre l'ennemi.

« Un de leurs détachements vint se présenter pour tirailler dans le moment même où nous visitions ce champ de carnage ; je n'ai rien vu de pareil à l'ardeur qu'on mit à le poursuivre. Les noirs en furent si frappés de terreur, que, malgré l'éloignement, plusieurs d'entre eux se laissèrent atteindre ; ils payèrent de leur vie l'étonnement et l'hésitation qui leur avaient ôté la faculté de fuir... •

« Le passage de l'Artibonite eut lieu sans obstacles ; nous suivions des chemins si difficiles, que, pour ne pas ralentir notre marche, nous dûmes enterrer des pièces de deux qui nous gênaient beaucoup... Nous arrivâmes à l'aube, comme nous l'avions désiré, à portée de canon de la Crête-à-Pierrot.

« Nous marchions en observant le plus profond

silence. Nous surprîmes le camp des noirs ; ils dormaient accroupis sur leurs poings ; nous nous précipitâmes sur eux sans tirer un coup de fusil ; ils couraient à toutes jambes vers le fort, nous courions avec eux ; ils refirent ce qu'ils avaient fait lors de l'attaque du général Debelle. Ce qui ne put entrer dans la Crête-à-Pierrot, ou ce qu'elle ne put contenir, se précipita dans les fossés et les écores de l'Artibonite. Nos soldats les y suivirent ; mais dès que nous fûmes démasqués, la redoute vomit tout son feu, et dans l'instant ce qui nous entourait fut renversé ; le général Boudet eut le talon traversé d'un coup de mitraille. Je le remplaçai dans le commandement de sa division.

« Notre attaque devait être simultanée avec celle de la division Dugua, qui devait déboucher de la Petite-Rivière en même temps que nous. Nous étions déjà abîmés ; lorsqu'elle se présenta, elle le fut à son tour. Le général Dugua, qui marchait à la tête d'un bataillon de la 19e légère, fut blessé de deux balles. Je restai le seul officier général sur le champ de bataille.

« Les ennemis, qui fourmillaient dans la redoute, élevaient des planches sur les parapets, en faisaient des ponts mobiles sur les fossés et nous poursuivaient en battant la charge.

« Indignés de leur audace, nous revenions sur eux la baïonnette en avant ; ils se précipitaient dans les fossés, et le feu le plus vif nous atteignait encore.

« Voyant par ces retours malheureux qu'il était

temps de mettre un terme à ces pertes inutiles, je fis ramasser nos blessés, et, tournant le plateau de la Crête-à-Pierrot, je vins prendre position sur la Petite-Rivière. Je fus rejoint dans mon mouvement par le capitaine général Leclerc ; en me donnant ses ordres, il reçut une contusion dans le bas-ventre, et se retira au bras du chef d'escadron Dalton.

« Cette seconde attaque de la Crête-à-Pierrot coûta à la division Boudet quatre cent quatre-vingts hommes tués ou blessés, et deux à trois cents à la division Dugua (1). »

Devant cette redoute, défendue par douze à quinze cents nègres, les Français éprouvèrent des pertes considérables. Tous les jours Dessalines faisait des sorties, se précipitait à la tête des siens le sabre à la main, habit bas et les bras nus, et frappait d'étonnement les vieux soldats de la république par des prodiges de courage. Déjà deux mille des assaillants avaient succombé, et les nègres tenaient toujours. Enfin, serrés de tous côtés, ils paraissaient sans ressources, et l'on croyait qu'ils n'avaient plus qu'à se rendre, lorsque, par une habile sortie exécutée au milieu de la nuit, Dessalines et sa troupe passèrent sur le ventre aux assiégeants, et firent leur retraite sans pouvoir être entamés. Mais je laisse encore à ce sujet parler le général Lacroix.

« La retraite qu'osa concevoir et exécuter le com-

_____

(1) *Mémoires pour servir à l'Histoire de la révolution de Saint-Domingue,* par le lieutenant général Pamphile Lacroix, tom. II, p. 157 et suivantes, *passim.*

mandant de la Crête-à-Pierrot, est un fait d'armes remarquable. Nous entourions son poste au nombre de plus de douze mille hommes; il se sauva, ne perdit pas la moitié de sa garnison, et ne nous laissa que ses morts et ses blessés...

« ... Notre perte avait été si considérable, qu'elle affligea vivement le général Leclerc; il nous engagea, par politique, à la pallier, comme il la palliait lui-même dans ses rapports officiels (1). »

Pendant l'absence de ma demi-brigade, j'étais resté à Port-au-Prince avec un petit détachement composé de soldats convalescents qui n'avaient pu suivre leurs camarades. Le capitaine Verny m'avait recommandé à l'officier de ce détachement, et celui-ci à son tour m'avait confié à un vieux sergent couvert de cicatrices et de chevrons, à la figure passablement rébarbative, et qu'une énorme paire de moustaches et une profonde balafre ne contribuaient pas à rendre gracieux. Ce fut là mon premier précepteur. Je n'osais presque le regarder en face, tant il me faisait peur; cependant je m'aperçus bientôt que sous cette rude écorce le sergent Beau-Soleil cachait un bon cœur et un caractère faible.

L'officier lui avait dit de me donner quelques leçons de lecture et de tenue militaire. Le sergent voulut se conformer à cette consigne; mais la première partie du programme l'embarrassait un peu. Il avait vingt-cinq ans de service, et n'était parvenu au

_____

(1) *Mémoires* déjà cités.

grade de sergent qu'à cause de son ancienneté. — Il
est bon là, le lieutenant, grommelait-il entre ses
dents le jour où il voulut me donner une première
leçon: quelle idée de vouloir faire de moi un maître
d'école ! Croit-il que si j'avais su lire et écrire un peu
proprement, je porterais encore les galons de sergent,
et que je n'aurais pas, comme tant d'autres, des
épaulettes de capitaine, peut-être même de la graine
d'épinards?—Tout en murmurant ces mots dans son
épaisse moustache, il tournait et retournait un petit
livre qu'il tenait à la main.

« Allons, arrive, mioche, me dit-il, et voyons ce
que tu sais ; car à ton âge tu dois au moins savoir
épeler.

— Moi pas savoir, répondis-je.

— Tu connais au moins tes lettres ?

— Moi pas connaître. »

Cet aveu de ma complète ignorance parut faire
plaisir au sergent, fort satisfait sans doute de se trouver un savant auprès de moi: car il connaissait ses
lettres, il savait épeler, et même il lisait un peu dans
un livre, pourvu qu'il ne fût pas imprimé en caractères
trop fins. Fort de la supériorité de sa science, il voulut sur-le-champ me donner non-seulement une leçon
de lecture, mais encore une leçon de français.

« Ah çà, garçon, reprit-il, faut commencer par
te défaire de tes manières de parler incohérentes, et
qui ne sont bonnes que pour des nègres. Ainsi, quand
on a l'honneur d'être citoyen français, et de servir
dans les armées de la république française, une et

indivisible, on doit avant tout parler français, et ne pas dire: « Moi pas savoir, moi pas connaître; » on dit: « Je ne sais pas, je ne connais pas. » Répète après moi.

— Je ne sais pas, je ne connais pas, répétai-je.

— Allons, c'est bien. Voyons maintenant pour la lecture. »

Il ouvrit le petit livre qu'il tenait depuis quelque temps à la main. C'était une théorie des manœuvres de l'infanterie.

« Vois-tu ces grosses lettres ? me dit-il en me montrant le titre d'un chapitre : la première est un E; répète après moi, E, et je répétai E. La seconde est un C, la troisième un O, la quatrième un L, et la cinquième un E. Et il me fit répéter chacune de ces lettres, à mesure qu'il les prononçait. Puis il passa au mot suivant, qui se composait d'un D et d'un U; et enfin au troisième, formé de sept lettres, P, E, L, O, T, O, N; et il avait grand soin de me faire répéter plusieurs fois chaque lettre. J'obéissais machinalement, sans comprendre un mot des explications du sergent. Je ne voyais dans ces figures bizarres, qu'il appelait des lettres, que du noir sur du blanc; et je ne pouvais qu'à grand'peine retenir une violente envie de bâiller. Enfin, quand il m'eut encore répété deux ou trois fois la même chose, il finit par me dire : « Eh bien ! tu ne te doutes pas peut-être de ce que signifient les lettres que je viens de te faire lire ?

— Non, sergent.

— Eh bien! bêta, cela signifie ÉCOLE DU PELO-
TON !

— Ah ! fis-je avec indifférence.

— Eh oui, reprit-il; vois-tu, E, c o co, Eco,
l e le, Ecole; et il se mit à épeler les trois mots d'un
air triomphant, tandis que, ne pouvant plus me
retenir, je bâillais à me démettre la mâchoire.

— Allons, c'est assez de lecture pour aujourd'hui,
dit le sergent, qui s'aperçut de l'ennui que j'éprouvais : passons à un autre exercice. » Il m'enseigna
alors la position du soldat sans armes, me fit faire
des à droite, des à gauche, des demi-tours, puis
il termina la journée par une première leçon d'escrime.

Ici le sergent Beau-Soleil était sur son terrain ; ses
explications étaient claires, et pour les faire mieux
comprendre, il joignait l'exemple au précepte. J'avais
apparemment aussi plus de dispositions pour ce genre
d'exercice que pour la lecture ; car je comprenais
parfaitement tout ce que me disait mon instructeur,
et je l'exécutais avec une facilité qui l'émerveillait.
En peu de jours j'appris à marcher au pas avec
l'aplomb d'un vieux troupier, et même à manier assez
bien un petit mousqueton, en attendant que j'eusse
la force de porter un fusil de munition. Quant à la
lecture, je ne faisais pas plus de progrès que le premier jour ; et cependant, pour l'acquit de sa conscience, le sergent commençait toujours nos leçons
par me faire épeler les mêmes mots : *École du peloton;* mais cette première partie ne durait que quelques

minutes, et il avait autant envie que moi de passer, comme il le disait, à un autre exercice.

Celui pour lequel je montrais le plus d'aptitude, et où je fis le plus de progrès, c'était l'escrime. Mon maître en était enchanté, et plus d'une fois il fit venir quelques-uns de ses camarades pour les rendre témoins de mon adresse. Le maître et l'élève recevaient alors force compliments, l'un avec une satisfaction contenue, et moi avec un plaisir que je ne cherchais pas à dissimuler.

Enfin on annonça le retour de notre demi-brigade. J'étais fier de montrer à mes anciens camarades les progrès que j'avais faits en leur absence, et j'attendais avec impatience leur arrivée. On avait fait des préparatifs à Port-au-Prince pour donner à la rentrée de l'armée une certaine solennité. On voulait dissimuler sous une apparence de triomphe les pertes cruelles qu'on avait essuyées.

Tout ce qu'il y avait de troupes disponibles dans la ville, infanterie, cavalerie et artillerie, furent envoyées à la rencontre de l'armée, pour rentrer avec elle et en grossir les rangs. Notre petit détachement d'invalides se porta lui-même au-devant de notre demi-brigade, et j'obtins la faveur d'en faire partie, mon mousqueton sur l'épaule.

Aussitôt que la tête de colonne parut, nous nous rangeâmes en bataille de chaque côté de la route, pour prendre ensuite au retour le rang qui nous était assigné. Les demi-brigades noires coloniales marchaient en tête, par sections largement espacées.

Venait ensuite notre 19me. Le cœur me battit en voyant paraître nos sapeurs et nos tambours; mais quels vides dans les rangs! Elle marchait aussi par sections, et sur deux rangs seulement. La compagnie de carabiniers, si nombreuse encore un mois auparavant, comptait à peine quarante hommes sous les armes, et elle n'avait qu'un seul officier, le sous-lieutenant, pour la commander. Une vive douleur m'étreignit le cœur à ce spectacle, et je ne pus m'empêcher de m'écrier : « Mais où donc est le capitaine Verny?

— Silence dans les rangs ! » dit aussitôt de sa voix la plus grave le sergent Beau-Soleil. Puis il commanda : « Par le flanc droit, droite : en avant, par file à gauche, marche! » Et nous allâmes tristement prendre rang à la suite du premier bataillon.

En rentrant au quartier, je m'empressai de demander des nouvelles du capitaine Verny. Il était blessé, et il devait arriver le lendemain avec plusieurs centaines d'autres blessés et de malades. Cette nouvelle, quoique triste, m'ôta une partie du poids dont mon âme était oppressée; car je m'étais attendu à apprendre sa mort. Mais combien d'autres avaient succombé! La compagnie seule de carabiniers avait eu trente hommes tués et autant de blessés; et parmi eux se trouvaient ceux que je connaissais le plus, ceux qui m'avaient témoigné le plus d'attachement et d'intérêt: de sorte que j'étais maintenant presque isolé dans la demi-brigade. D'ailleurs la tristesse était empreinte

sur tous les visages ; car un nouvel ennemi, plus
redoutable mille fois que les noirs , venait de faire
son apparition. C'était la fièvre jaune, cette peste
des Indes occidentales, plus terrible peut-être que
la peste d'Orient. Déjà plusieurs cas s'étaient pré-
sentés , et tous ceux que la maladie avait atteints
avaient promptement succombé.

CHAPITRE VI

SUITE ET FIN DE L'EXPÉDITION DE SAINT-DOMINGUE.

La prise de la Crête-à-Pierrot, malgré les pertes
énormes qu'elle nous avait coûtées, n'en était pas
moins un fait de la plus haute importance, puisqu'il
nous livrait l'entrée de tous les mornes où les derniers restes de l'insurrection noire avaient trouvé un
refuge. Le capitaine général Leclerc profita du découragement que cet événement avait dû jeter parmi
les chefs noirs pour chercher à les gagner par de
brillantes promesses. Le général noir Maurepas se
laissa le premier entraîner par les protestations du
capitaine général, et passa dans les rangs de l'armée
française avec sa division entière, composée de
quatre mille hommes. Avant de prendre cette résolution, il avait fait tous ses efforts auprès de Toussaint pour l'engager à accepter la paix. Mais celui-ci,

6

soit qu'il ne crût pas à la sincérité des paroles de Leclerc, soit pour tout autre motif, continua la guerre avec vigueur.

Le général Leclerc venait de se rendre au Cap. Christophe était dans les environs de cette ville avec un petit nombre de troupes, disputant pied à pied le terrain, malgré sa faiblesse. Toussaint se mit en route pour le rejoindre, ramassa en passant les cultivateurs, opéra sa réunion avec Christophe, et, suivi de ses bandes, sans canons et presque sans fusils, alla investir le Cap, où se trouvait le capitaine général. Ce fut à cette époque que la fièvre jaune commença à sévir d'une manière inquiétante dans l'armée française; jusque-là il n'y avait eu que des cas isolés.

Leclerc fit de nouvelles proclamations pour assurer aux nègres qu'il ne voulait que leur liberté et la paix. Ces hommes, gagnés par ses promesses, désertèrent en masse pour retourner à leurs travaux. Toussaint et Christophe, abandonnés de leurs troupes, se séparèrent.

De nouveaux renforts venus de France rendaient la position des chefs noirs de jour en jour plus difficile. Leclerc entama une négociation avec Christophe, lui assura la conservation de son grade dans l'armée française, et accorda une amnistie générale pour toutes les troupes qu'il avait commandées. Christophe accepta cette condition, et déposa les armes. Dessalines suivit bientôt son exemple; Paul Louverture, frère de Toussaint, fit aussi sa soumission, et conduisit dans les rangs de l'armée française les noirs qu'il commandait.

Toussaint, resté seul, consentit enfin à traiter (1er mai 1802). Ce fut à deux conditions : liberté inviolable de ses concitoyens ; maintien dans leurs fonctions de tous les officiers civils et militaires nommés pendant son administration. Il eut en outre la liberté de conserver son état-major, et de se retirer sur une de ses habitations. Celle qu'il choisit, et à laquelle il avait donné son nom, était située près des Gonaïves. Il vivait paisiblement dans cette retraite depuis un mois, lorsque le général Leclerc le fit enlever et embarquer sur un bâtiment qui le transporta en France. Arrivé à Brest, il fut conduit au fort de Joux, sur les frontières de la Suisse, où il mourut au commencement d'avril 1803.

Pour justifier la conduite du général Leclerc dans cette circonstance, on a dit qu'il avait acquis la preuve que Toussaint conspirait dans sa retraite, et qu'il n'attendait que l'instant où il verrait l'armée française suffisamment affaiblie par la fièvre jaune, pour lever l'étendard de l'insurrection. Cela eût-il été vrai, il eût encore été plus convenable d'employer un autre moyen que celui dont on se servit dans cette circonstance, et qui ressemblait à un guet-apens.

La déportation de Toussaint ne parut pas faire sur les noirs une grande impression, ou plutôt on prit pour une marque de soumission le sombre silence qui suivit cet acte arbitraire. Bientôt la fièvre jaune fit de terribles ravages dans l'armée française ; les nègres, à l'abri de la maladie, conservaient leurs armes, et prenaient une attitude menaçante. Un désarmement général fut ordonné, d'abord pour la population noire agricole qui n'appartenait pas à l'armée ; cette mesure, de laquelle on attendait la sécurité, fut le signal d'hostilités nouvelles.

Leclerc s'efforçait en vain de faire face aux difficultés qui se multipliaient autour de lui. Chaque jour la mort diminuait le nombre de ses troupes. Ayant un grand nombre de postes à surveiller, ses forces disséminées étaient de plus en plus compromises. Vingt officiers généraux avaient succombé au fléau meurtrier, et des corps entiers avaient disparu sans combat. Dans beaucoup d'endroits, les soldats survivants étaient à peine assez nombreux pour rendre les derniers devoirs à leurs camarades, et la rapide diminution des cadres multipliait les fatigues du service, en même temps que ces fatigues fournissaient un nouvel aliment à la maladie.

Dans de si terribles conjonctures, le général en chef crut devoir combattre toute pensée de révolte par un redoublement de sévérité. Le général noir Maurepas, qui s'était un des premiers soumis aux Français, soupçonné de méditer quelque trahison, fut mis à mort sans jugement et d'une manière arbitraire. Cette mort produisit chez tous les nègres un sentiment d'indignation et de colère. Les principaux chefs parurent cependant maîtriser leurs ressentiments ; mais d'autres plus impatients éclatèrent.

Parmi ces derniers, Charles Belair, neveu de Toussaint, souleva toute la population de l'Artibonite, et se retira avec les mécontents dans les mornes du Chaos. Leclerc envoya contre lui Dessalines, autant pour compromettre celui-ci vis-à-vis de la race noire que pour ménager ses propres troupes. Dessalines, soit par haine personnelle contre Belair, soit par une dissimulation qui appartient au caractère des nègres, suivit impitoyablement les instructions du général français : il défit et massacra une partie des révoltés de Charles Belair, se saisit même de lui par trahison, et l'envoya au Cap chargé de fers.

Une commission toute composée de noirs fut chargée de le juger. Il fut condamné à l'unanimité, et dans la même journée fusillé par des nègres, sans qu'il s'élevât des rangs de ceux-ci un seul murmure ; et cependant tous, juges et exécuteurs de la sentence, étaient dans le cœur complices de Belair ; il n'y en avait parmi eux pas un qui ne méditât le même acte, et qui ne dût l'accomplir à peu de temps de là. Mais l'heure n'était pas encore sonnée, et il fallait en attendant tromper la méfiance de leurs ennemis par le sacrifice public d'un noir.

Cependant Leclerc, effrayé des forces de ses alliés noirs, voulut opérer le désarmement de ceux qui étaient incorporés aux troupes françaises. Ce projet ne pouvait s'exécuter en masse ; on commença par réformer un grand nombre de soldats noirs sous divers prétextes ; puis on désarma quelques détachements isolés. Les chefs commençaient à s'inquiéter,

quand arriva de France la nouvelle du décret du
2 mai 1802, qui déclarait l'esclavage maintenu dans
les colonies réservées à la France par le traité d'A-
miens. Vainement Leclerc, comprenant le danger de
cette loi, assura qu'elle n'était applicable qu'aux
colonies où la servitude n'avait pas été abolie. Les
chefs noirs et mulâtres se tinrent pour avertis, et
jugèrent que le moment d'agir était venu. Le 11 septembre, Dessalines se jette dans les bois, et appelle
les nègres à la révolte. Pétion l'imite quelques jours
après. Le mulâtre Clervaux, président de la commission qui avait condamné Charles Belair, déserte le 16
septembre avec sa troupe, et menace le Cap, commis
la veille à sa garde. La garnison française se composait alors de notre demi-brigade, arrivée récemment
de Port-au-Prince, et réduite par la peste à deux
cents soldats en état de porter les armes ; ces braves,
aidés de quelques gardes nationaux et soutenus par
les marins de l'escadre, se défendirent avec résolution. L'attaque de Clervaux fut repoussée, et ce chef,
après sa tentative infructueuse sur le Cap, se retira sur
la Grande-Rivière, où il fut rejoint par Christophe.

De toutes parts les noirs et les hommes de couleur
coururent aux armes ; l'insurrection devint bientôt
générale, et Dessalines fut nommé général en chef de
l'armée noire.

Les Français, réduits à leurs seules forces, ne
comptaient guère plus de deux mille hommes en état
de porter les armes. Sur trente-quatre mille combattants envoyés successivement de France, vingt-quatre

mille avaient succombé, et huit mille étaient mourants dans les hôpitaux. Il avait fallu évacuer le sud et l'ouest, pour concentrer le peu de forces qui nous restaient dans le nord et aux environs du Cap-Français.

Les noirs, nous voyant réduits à cet état de faiblesse, commencèrent contre nous une guerre acharnée et féroce, qui provoqua de notre part de cruelles et terribles représailles. Il fallait que le besoin seul de la vengeance poussât les nègres à cet acharnement, car ils auraient pu attendre avec patience, et sans s'exposer aux dangers, l'extermination certaine de tous les blancs. Ils avaient dans la fièvre jaune un auxiliaire impitoyable, qui leur eût épargné bien de la besogne.

Les Français avaient espéré que le mois de septembre, en faisant cesser les chaleurs intenses de la canicule, leur apporteraient quelque soulagement; mais le nombre des victimes ne faisait que croître de jour en jour. Leclerc lui-même, frappé de la contagion, languissait au milieu de ses soldats découragés, pendant que les insurgés acquéraient tous les jours de nouvelles forces. Au milieu d'octobre, le fort Dauphin, le fort de Paix et plusieurs autres postes importants étaient tombés entre les mains des noirs; et Leclerc, qui s'était retiré à l'île de la Tortue pour refaire sa santé, fut obligé d'évacuer l'île et de revenir au Cap, au centre même de la contagion. Les difficultés de sa position ne contribuèrent pas peu à aggraver sa maladie, et dans la nuit du 1er au 2 novembre 1802 il expira, dans la cruelle conviction qu'il était impossible d'atteindre le but de l'expédition dont il avait été le chef.

Ce fut à cette époque que je quittai Saint-Domingue; mais avant de raconter ce qui m'est personnel, je vais, pour n'y plus revenir, dire en peu de mots comment se termina cette malheureuse expédition.

Après la mort de Leclerc, le commandement en chef fut dévolu, par rang d'ancienneté, au général Rochambeau. Doué d'un courage indomptable et d'un esprit fécond en ressources, ce général aurait pu être de quelque utilité dans le poste qu'il occupait, si les circonstances n'avaient défié toutes les combinaisons du talent, et si, d'un autre côté, ses préventions contre les hommes de couleur et la race noire ne l'eussent rendu peu propre à rétablir les affaires de la France dans la colonie, quand même elles auraient pu l'être. On lui a reproché des cruautés atroces et inutiles, qui achevèrent d'exaspérer les noirs. De nouveaux renforts arrivés du Havre et de Cherbourg lui permirent de reprendre l'offensive, et quelques avantages partiels qu'il obtint consolèrent un instant les Français des conquêtes journalières que faisaient les nègres. Dans les plaines de Saint-Nicolas, les noirs furent battus après une résistance désespérée, et le fort Dauphin fut repris à la suite d'une vigoureuse attaque exécutée par le général Clausel.

Mais ce furent les dernières victoires des Français. Leurs ennemis se multipliaient, et resserraient le cercle dans lequel ils étaient enfermés sans espoir. Toutes les places du littoral qui leur servaient de refuge tombèrent successivement au pouvoir des insurgés; enfin il ne resta plus pour dernier asile aux débris de l'armée d'invasion que la ville du Cap, devant laquelle Dessalines vint s'établir avec vingt-sept mille hommes.

Rochambeau résolut de tenter un effort désespéré. Toutes les forces dont il pouvait disposer étaient concentrées autour de lui; il commanda une attaque générale sur toute la ligne. Les noirs reculèrent d'abord devant l'impétuosité des assaillants; mais, à la fin de la journée, leur nombre l'emporta, et ils restèrent maîtres du champ de bataille.

Dans cette chaude mêlée, les Français avaient fait environ cinq cents prisonniers; Rochambeau, sans songer à la possibilité des représailles, les condamna tous à la peine de mort. Dessalines, instruit de cette odieuse exécution, fit élever pendant la nuit cinq cents gibets sur le front de son armée, fit amener tous les officiers français, ses prisonniers, compléta le nombre par des sous-officiers et des soldats, et les fit pendre tous au point du jour, sous les yeux de l'armée française. En même temps les noirs fondirent avec une fureur extrême sur les Français, et les resserrèrent dans la place, qui se trouva entièrement bloquée par terre.

Elle ne tarda pas à l'être aussi par mer; car à cette époque eut lieu la rupture de la paix d'Amiens, et une escadre anglaise vint interdire à la garnison du Cap toutes les communications du côté de la mer (mai 1803).

Cependant Rochambeau résistait avec un courage inflexible; mais les assiégés eurent à souffrir les maux les plus affreux. Aux fléaux de la guerre et de la peste vinrent se joindre les horreurs de la famine. Les chevaux, les mulets, les ânes, les chiens même furent dévorés. Enfin, vers le milieu de novembre, les assiégeants, ayant forcé tous les ouvrages extérieurs, se préparaient à un assaut dont l'issue ne pouvait plus être douteuse. Rochambeau se décida alors à traiter, et la capitulation avec Dessalines fut signée le 19 novembre. Celle-ci fut honorable: les Français devaient évacuer la ville du Cap et les forts dans l'espace de dix jours, avec armes et bagages, et se retirer dans leurs vaisseaux avec les honneurs de la guerre. Mais Rochambeau ne put s'entendre aussi facilement avec le commodore anglais. Après de longs pourparlers, il fut convenu que les assiégés sortiraient du port sous pavillon français, et qu'ensuite ils amèneraient leur pavillon et se rendraient prisonniers. Le 30 novembre cette capitulation fut exécutée. La flottille française, composée de trois frégates et de dix-sept petits bâtiments, sortit du port, et se rendit aux Anglais. Les prisonniers, au nombre d'environ huit mille, furent envoyés à la Jamaïque. Rochambeau avec ses principaux officiers fut conduit en Angleterre.

Telle fut l'issue de cette expédition désastreuse. Elle coûta à la France des sommes énormes, une partie de sa flotte et près de quarante mille de ses meilleurs soldats, qui périrent pour la plupart, sous les feux d'un soleil dévorant, non dans de glorieux combats, mais dans les accès douloureux de fièvres contagieuses. On a calculé que sur trente-trois mille combattants de toutes armes qui succombèrent, moins d'un sixième tomba sur les champs de bataille. Depuis cette époque, Saint-Domingue a été à jamais perdu pour la France. Le 1ᵉʳ janvier 1804, les chefs noirs proclamèrent l'indépendance de l'île, en lui donnant le nom d'Haïti, qu'elle portait avant sa découverte.

J'ai interrompu le récit de mes souvenirs personnels pour raconter succinctement les derniers instants de la domination française dans le pays qui m'a vu naître. Quoique j'aie assisté en spectateur incapable de la juger à une partie de la lutte terrible engagée entre des hommes de deux races différentes, quoique j'aie quitté le théâtre de ce drame sanglant avant le dénoûment fatal qui l'a terminé, je n'en ai pas moins conservé un souvenir bien cher de cette belle et riche contrée, où j'ai passé les premières années de mon enfance, et où reposent, dans quelque coin ignoré, les cendres de ma famille. Dès que ma raison et mon intelligence ont été assez développées pour être à même de juger les hommes et les choses, j'ai étudié avec un vif intérêt l'histoire de mon pays natal, et ce n'est pas sans verser des larmes bien amères que j'ai reconnu avec quelle inconcevable fatalité et quel déplorable aveuglement la France avait été entraînée à perdre la plus belle de ses colonies, celle qu'on appelait avec raison la *Reine des Antilles*.

CHAPITRE VII

LA TRAVERSÉE

Je reprends maintenant mon récit au point où je l'ai quitté à la fin de l'avant-dernier chapitre.

Le lendemain de la rentrée de l'armée à Port-au-Prince, le capitaine Verny arriva effectivement avec les autres blessés. Il se fit transporter dans sa chambre, où il pensait qu'il serait mieux soigné qu'à l'hôpital. Sa blessure n'était pas dangereuse ; il espérait même un prompt rétablissement, quand il fut attaqué de la fièvre jaune. J'eus le bonheur, dans cette circontance, de rendre quelques services à mon protecteur ; car l'infirmier qui le soignait, obligé de donner aussi des soins à d'autres malades, ne pouvait suffire à tout ; je le remplaçais toutes les fois qu'il était forcé de s'absenter ; souvent je me faisais seconder dans cette tâche par Joseph, qui, étant plus fort que moi, pou-

vait plus aisément aider le malade quand il fallait le
changer de position dans son lit.

Pendant plus de quinze jours, le pauvre capitaine
fut entre la vie et la mort. Enfin, un matin, le docteur Décourt, en faisant sa visite, nous annonça qu'il
était hors de danger, mais que sa convalescence serait
longue. A partir de ce moment, un mieux sensible
se fit remarquer en lui ; cependant sa faiblesse était
toujours extrême. Pendant tout le temps qu'avait
duré le danger, à peine avait-il eu la conscience de ce
qui se passait autour de lui ; mais, en revenant à la
santé, il sembla se rappeler tout d'un coup tous les
petits services que Joseph et moi nous lui avions rendus, et il nous en témoigna sa reconnaissance d'une
manière qui me paya largement des peines que je
m'étais données. « Si j'en réchappe, nous dit-il, c'est
à vous, mes enfants, que je le devrai, et soyez per-
suadés que je ne l'oublierai jamais. »

Le lendemain, le docteur, le trouvant beaucoup
mieux, lui annonça que l'infirmier ne pourrait plus
lui continuer ses soins, parce qu'il venait de tomber
malade lui-même, et que l'encombrement de l'hôpital ne permettait pas de lui en envoyer un autre :
« Mais, ajouta-t-il, vous avez là vos deux petits
infirmiers, qui pourront amplement suffire à vous
soigner désormais. »

— C'est fort bien, reprit le capitaine, mais vous
venez de me révéler une chose à laquelle je n'avais
pas songé, et qui me fait trembler. Ma maladie est
contagieuse, et si ces enfants allaient en être atteints,

je me reprocherais toute ma vie ce malheur. Ainsi
j'exige que dès aujourd'hui ils cessent de venir,
comme d'habitude, passer leur journée dans ma
chambre; l'amélioration de mon état me permet de
me passer désormais de tout secours étranger.

— Vous êtes dans l'erreur, répondit le docteur;
vous avez encore besoin de vos petits gardes-malades;
mais vous pouvez vous rassurer complétement sur
leur compte, la maladie que vous venez d'avoir n'est
contagieuse que pour les Européens. Ceux qui sont
nés dans l'île n'en sont presque jamais attaqués;
ainsi, sur près de quinze cents malades de la fièvre
jaune que nous avons maintenant à Port-au-Prince,
on compte à peine trente créoles ou hommes de couleur. Quant à ces enfants, s'ils avaient dû faire partie
de ce très-petit nombre exceptionnel, ils auraient
déjà été atteints de la maladie, depuis plus d'un mois
qu'ils vivent au milieu de l'épidémie.

— Vous avez entendu, capitaine, dis-je alors, ce
que vient de déclarer M. le docteur; j'espère que
maintenant vous ne nous renverrez pas, et que
vous nous laisserez continuer notre service auprès
de vous.

— J'accepte, mes enfants, puisque le docteur
affirme qu'il n'y a pas de danger, et je ne demande
pas mieux que de vous devoir mon complet rétablissement. »

On a vu par les paroles du docteur Décourt combien étaient désastreux les progrès de la contagion,
et cependant il avait caché une grande partie de la

vérité, pour ne pas alarmer le capitaine Verny. Depuis un mois, la maladie avait pris un caractère si effrayant, que pour ne pas afficher ses ravages il fallut renoncer à rendre les derniers honneurs aux morts. Des tombereaux faisaient à minuit leurs rondes lugubres ; ils ramassaient dans chaque rue les morts, qu'on mettait aux portes des maisons.

Notre pauvre demi-brigade fut cruellement éprouvée. Sept à huit cents de nos braves succombèrent en moins de trois semaines ; trois à quatre cents autres n'étaient que des squelettes ambulants ; et quand nous reçûmes l'ordre de nous embarquer pour le Cap-Français, à peine comptions-nous trois cents hommes en état de porter les armes.

Les plus valides furent seuls admis à s'embarquer, avec ceux des convalescents qui paraissaient en voie de guérison. Le capitaine Verny fut compris dans ces derniers. Dans notre traversée de Port-au-Prince au Cap, nous fûmes retardés par des vents contraires, et nous mîmes quinze jours à faire une route qui dure ordinairement deux à trois jours. Pendant ce temps-là, la contagion continua à exercer ses ravages à bord comme sur terre. La plupart de nos convalescents succombèrent, et bon nombre de nos hommes valides furent atteints à leur tour ; de sorte qu'en arrivant nous pouvions tout au plus, comme je l'ai déjà dit, mettre deux cents hommes en ligne.

Le capitaine Verny n'avait pas éprouvé de rechute ; mais l'amélioration progressive qui se faisait remar-

quer avant notre départ avait cessé, et en arrivant il
était dans un tel abattement, qu'à peine pouvait-
il se tenir debout. Cependant quand, quelques jours
après notre débarquement, la ville fut attaquée par
Clervaux, comme je l'ai dit plus haut, le capitaine
Verny retrouva des forces pour combattre, et pendant toute une journée il donna à ses soldats l'exemple
du courage et de la fermeté. Quand l'ennemi eut été
repoussé, ses forces, soutenues jusque-là par l'éner-
gie de sa volonté, l'abandonnèrent tout à coup, et il
retomba dans un état de faiblesse pire qu'auparavant.
Les médecins craignaient une rechute, qui certainement eût été mortelle; mais cet accident n'eut pas
lieu, grâce à la vigueur de son tempérament, grâce,
disait ce bon M. Verny, aux soins que je ne cessais
de lui prodiguer. Mais le docteur Décourt, qui nous
avait suivis, déclara que jamais le capitaine ne se
rétablirait complétement tant qu'il resterait à Saint-
Domingue. C'était bien aussi l'avis du malade, dont
l'âme était peut-être encore plus souffrante que le
corps, à l'aspect des calamités de cette guerre. Il
sentait qu'il ne pourrait recouvrer la santé qu'en
s'éloignant de cette terre de malédiction, et en
allant respirer l'air natal. Il sollicita en conséquence
un congé de convalescence, et la permission de rentrer en France sur le premier bâtiment qui ferait
voile pour cette destination. Cette permission lui fut
accordée, ainsi qu'à quelques autres officiers, sous-
officiers et soldats blessés ou convalescents, et dont
la présence à Saint-Domingue n'était qu'un embarras.

Le capitaine obtint aussi mon passage et celui de Zozo sur le même bâtiment que lui. Nous aurions bien désiré emmener Jacques avec nous; mais la demi-brigade coloniale à laquelle il était attaché avait aussi pris part à l'insurrection, et elle avait quitté les environs du Cap pour se joindre aux bandes insurgées. Zacot sans doute l'avait suivie, car je n'en ai plus jamais entendu parler.

Nous attendions de jour en jour qu'un vaisseau fût prêt à faire voile pour la France, quand tout à coup on annonça la mort du général Leclerc. Cet événement hâta notre départ. La veuve du général, *ma marraine,* comme je l'appelais, fit embaumer le corps de son mari; puis on le transporta à bord du vaisseau le *Swiftshure*, après avoir rendu les honneurs funèbres à sa dépouille mortelle. Mme Leclerc s'embarqua ensuite sur ce bâtiment, avec les aides de camp de son mari et ceux des militaires qui avaient obtenu la permission de retourner en France. Le capitaine Verny était de ce nombre; et je l'accompagnais, ainsi que mon frère de lait Joseph.

Le nombre des passagers qui se trouvaient à bord du *Swiftshure* dans les mêmes conditions que le capitaine, était d'une centaine environ, de toutes armes et de tous grades; huit à dix seulement avaient appartenu à la 19e demi-brigade, et parmi eux se trouvait mon ancien maître le sergent Beau-Soleil, qui avait été amputé du bras gauche, je ne sais plus à la suite de quelle affaire. Je ne l'avais pas revu

depuis que nous avions quitté Port-au-Prince;
mais n'eût été son bras en écharpe, je n'aurais pas
remarqué en lui le moindre changement. Sa figure
n'avait ni pâli, ni maigri, comme celle de tous nos
autres convalescents; ses yeux étaient aussi vifs, sa
démarche aussi assurée que quand il me donnait des
leçons d'escrime et de maniement d'armes. Je le ren-
contrai sur le pont deux jours après que nous eûmes
mis à la voile. Il me reconnut le premier, et me tendant la main: « Ah ! te voilà, petiot, me dit-il; je suis
bien aise de te rencontrer. Je savais bien que le capitaine Verny était à bord, et je me proposais d'aller le
saluer instantanément; mais j'ignorais que tu fusses
du voyage : car tu n'es ni blessé, ni malade?

— Non, mon sergent; mais on a pensé que, quoique bien portant, je ne pouvais pas être d'une grande
utilité à l'armée, et l'on m'envoie en France au dépôt
de la demi-brigade.

— C'est à merveille. Eh bien, pendant la traversée, nous pourrons reprendre nos exercices d'escrime
et de maniement du fusil; ça te désennuiera, et moi
aussi : seulement, pas de lecture, tu m'entends?

— Je ne demanderais pas mieux, sergent Beau-Soleil; mais je craindrais d'abuser de votre complaisance:
car... après une blessure aussi grave (et en disant
ces mots je regardais son bras gauche), vous avez dû
beaucoup souffrir; vous avez eu sans doute aussi la
fièvre jaune, et je ne voudrais pas vous fatiguer.

— Est-ce que tu plaisantes, petiot? On voit bien
que tu ne connais pas le sergent Beau-Soleil. Ap-

prends que la fièvre ne me connaît pas non plus ;
depuis vingt-six ans que je suis au service, je n'ai
jamais fait une heure d'hôpital pour toutes ces maladies qu'on appelle fièvres jaunes ou noires, n'importe
la couleur ; mais quant aux boulets, aux biscaïens,
aux balles, aux coups de sabre, ah ! ça c'est différent ;
ça me connaît, et plus d'une fois j'en ai reçu des
éclaboussures en Allemagne, en Italie et en Égypte :
seulement jusqu'ici je n'avais été touché qu'à la tête
ou dans le corps ; cela se guérissait plus ou moins
vite, et l'on reprenait son service comme si de rien
n'était ; mais il fallait venir dans ce satané pays pour
me voir démolir un membre et condamner aux invalides à perpétuité. Du reste, j'ai bon pied, bon œil,
et le poignet qui me reste est encore assez solide pour
manier un fleuret avec autant de dextérité qu'il y a
dix ans. Ainsi, quand tu voudras, mon garçon, je
suis prêt à recommencer nos leçons. Tu avais des
dispositions, et ce serait vraiment dommage de les
négliger. »

Je remerciai le sergent Beau-Soleil, et je lui dis
que j'en parlerais au capitaine, de qui je dépendais.
« Ah ! c'est juste, répondit-il ; la discipline avant
tout, je ne connais que ça. A propos, quand penses-
tu que je pourrai le voir, le capitaine ?

— Il a été encore très-souffrant depuis l'embarquement, et il ne quitte presque pas son cadre (1) ;

(1) On nomme *cadre*, en terme de marine, une espèce de lit carré
suspendu comme un hamac, et sur lequel couchent les officiers, les

mais je lui parlerai de vous, et je vous préviendrai quand il pourra vous recevoir. » Là-dessus nous nous quittâmes, et je me hâtai d'aller retrouver le capitaine Verny.

En effet, le capitaine était très-mal quand nous nous embarquâmes ; mais après quelques jours de navigation, un mieux sensible se fit remarquer. A mesure que le vaisseau s'éloignait des parages de Saint-Domingue et cinglait vers le nord, il semblait reprendre des forces. Il respirait avec délices la brise de mer, et ses joues perdaient peu à peu leur teint livide. Je lui parlai de ma rencontre avec le sergent Beau-Soleil, et du désir qu'il avait manifesté de le voir. « Qu'il vienne quand il voudra, répondit le capitaine ; cela me fera le plus grand plaisir. »

Je m'empressai de faire part de cette réponse au sergent, qui dès ce moment vint chaque jour passer une heure ou deux avec lui. Ils parlaient ensemble de leurs anciennes campagnes, et la conversation toute franche, toute militaire du vieux soldat intéressait beaucoup son officier. Cette distraction contribua, avec d'autres causes sans doute, à son prompt rétablissement ; car au bout de huit jours de navigation, le changement le plus favorable s'était opéré en lui.

J'avais été souvent, comme on le pense bien, l'objet des conversations du capitaine et du sergent. Le

---

malades de l'équipage, et les passagers. *Nous avons tant d'hommes sur les cadres,* signifie nous avons tant de malades à bord.

premier avait parlé de ses vues sur moi, et le second y avait applaudi de tout cœur. « Certainement, mon capitaine, disait Beau-Soleil, c'est une bonne idée que vous avez là de vouloir faire du petit Saint-Marc un bon soldat; vous y réussirez, car je m'y connais : je lui ai donné quelques leçons, et je vous garantis qu'il y a de l'étoffe dans cet enfant. Seulement je vous préviens d'une chose, c'est qu'il pourra faire un solide grenadier quand il aura la taille, un bon caporal au besoin; peut-être même parviendra-t-il avec le temps, et s'il ne passe pas l'arme à gauche, au grade de sergent; mais il n'ira pas plus loin.

— Et d'où te vient cette opinion? est-ce qu'il manquerait de capacité, d'intelligence?

— Non pas, mon capitaine, au contraire, et je vous ai déjà dit qu'il y avait de l'étoffe dans cet enfant; mais seulement de l'étoffe pour en faire un soldat, un sous-officier tout au plus, mais pas un officier.

— Mais, mon cher Beau-Soleil, ce que tu dis là était bon sous l'ancien régime, où il était bien rare qu'un simple soldat, s'il n'appartenait pas à la noblesse, parvînt au grade d'officier; mais aujourd'hui les officiers sont faits de la même étoffe que les soldats. Moi, qui te parle, je suis fils d'un menuisier de Mâcon, et je suis parti il y a dix ans comme simple volontaire dans un bataillon de Saône-et-Loire; et, sans chercher plus loin, le général en chef dont nous accompagnons les dépouilles mortelles était fils d'un marchand de farines de Pontoise, et a commencé par être soldat.

— Je sais cela parfaitement, mon capitaine, et je pourrais vous citer, à l'appui de ce que vous dites, quatre de mes anciens camarades de lit, dont deux sont aujourd'hui généraux de division, un autre adjudant général, et le quatrième chef de brigade; mais cela ne prouve rien contre ce que j'ai avancé. Je ne disconviens donc pas que tout le monde aujourd'hui puisse attraper les épaulettes d'officier sans être obligé de faire preuve de noblesse; mais il n'en faut pas moins certaine condition que tout le monde ne peut remplir : ainsi il est nécessaire de savoir au moins lire et écrire, et bien des gens ne le savent pas, et ne le sauront jamais; je crois que le petit Saint-Marc sera de ce nombre : et voilà pourquoi je dis qu'il ne sera jamais officier.

— Oh! si c'est là le seul obstacle qui arrête son avancement, dit en souriant le capitaine, nous essaierons de le lever. Saint-Marc est assez jeune pour apprendre encore bien des choses.

— Sans doute, reprit le sergent, il apprendra bien des choses; il apprendra parfaitement l'exercice, par exemple, l'escrime, la théorie même; mais la lecture, jamais. J'ai voulu lui en donner des leçons, et j'ai vu tout de suite qu'il n'avait pas plus de dispositions pour ce genre d'étude que je n'en avais à son âge. Figurez-vous, mon capitaine, qu'on m'a envoyé jusqu'à l'âge de douze ans à l'école, et que je n'ai jamais pu apprendre à lire couramment; il est vrai que les trois quarts du temps je faisais l'école buissonnière, et que, comme ma famille habitait une

petite ville où il y a toujours garnison, je passais
mon temps à voir faire l'exercice aux soldats. Voilà
ce qui a développé mon goût pour le militaire. En
vain mon père voulut-il me mettre en apprentissage,
je ne fréquentais pas plus l'atelier que l'école. Ce que
voyant, il finit par me dire : « Tu n'es bon qu'à faire
un mauvais soldat; eh bien, engage-toi, j'y consens. » Je ne me le fis pas dire deux fois, et de ce
jour-là j'endossai le harnais.

— Et tu as fait mentir la prédiction paternelle,
ajouta le capitaine, car tu as été un bon et brave
soldat; mais il n'en est pas moins regrettable que
tu n'aies pas mieux profité des leçons de ton maître
d'école, car depuis longtemps tu serais officier, et
peut-être même officier supérieur.

— Eh bien, moi je ne le regrette pas. Tout le
monde ne peut pas commander, et il faut bien qu'il y
en ait pour obéir. D'ailleurs le métier de soldat n'est
pas déshonorant, que je sache; et je ne pense pas que
le petit Saint-Marc soit bien à plaindre, s'il devient
jamais un bon soldat.

— Sans doute, et je suis parfaitement de ton avis,
dit le capitaine, qui ne voulut pas contredire le
brave Beau-Soleil. Maintenant, puisque tu veux
bien te charger de lui apprendre l'exercice et l'escrime, tu me feras plaisir de t'en occuper une
heure par jour. Moi, de mon côté, j'essaierai de lui
apprendre à lire, et je verrai si je réussirai mieux que
toi.

— J'en doute, mon capitaine, dit le vieux sergent en secouant la tête d'un air d'incrédulité, Figurez-vous qu'en un mois de leçons il a fait dans l'escrime et dans le maniement des armes des progrès que bien des recrues de vingt ans ne font pas en trois ni même en six mois, et que dans le même espace de temps je n'ai pu parvenir à lui apprendre à lire ces trois mots : *École du peloton.*

— Enfin nous verrons, dit le capitaine en tendant la main au sergent, qui se retira après avoir fait le salut militaire et exécuté un demi-tour à droite avec la régularité d'un vieux praticien. »

J'avais assisté à cet entretien, et quand nous fûmes seuls, le capitaine me demanda si effectivement je n'avais aucun goût pour la lecture. « Je ne sais pas, répondis-je.

— Comment ne le sais-tu pas, puisque le sergent Beau-Soleil t'en a donné des leçons?

— Je n'ai jamais compris un mot de ce qu'il m'a dit ; peut-être, si je l'avais compris, aurais-je appris à lire comme j'ai appris l'exercice, que je comprenais très-bien.

— C'est bien possible, dit en souriant le capitaine. Voyons si je saurais mieux me faire comprendre que lui. » Et il me donna une première leçon de lecture, mais avec une méthode toute différente de celle de Beau-Soleil, et avec des explications claires et toujours à ma portée. Loin de bâiller, comme j'avais fait aux leçons du sergent, j'écoutais avec intérêt ; quand je ne comprenais pas une explication, il la répétait d'une autre manière, jusqu'à ce qu'elle fût devenue parfaitement intelligible pour mon esprit. »

Tous les matins je passais une heure, quelquefois deux, dans l'entrepont, à faire des armes avec le vieux sergent. De temps en temps le capitaine venait assister à nos exercices ; sa présence était pour moi un motif d'encouragement, et je me surpassais alors. Le capitaine complimentait Beau-Soleil, qui, clignant de l'œil d'un air fin, disait : « Vous voyez qu'il ne va pas mal, le petiot : et pour la lecture, va-t-il aussi bien ?

— Tout doucement, bien doucement, répondait le capitaine.

— Je vous l'avais bien dit, ajoutait Beau-Soleil ; cela ne peut pas être autrement. »

Le fait est cependant que les choses allaient tout différemment. Mes progrès dans la lecture avaient été au moins aussi rapides que dans l'escrime ; mais le capitaine ne voulait pas faire connaître à Beau-Soleil toute la vérité, pour ne pas l'humilier. D'un autre côté, il ne voulait pas surexciter ma vanité par de nouveaux éloges, trouvant qu'elle l'était déjà suffisamment par les applaudissements de la galerie qui presque toujours assistait dans l'entrepont à nos exercices.

Grâce à ces occupations, je ne m'apercevais guère de la longueur et de la monotonie de la navigation. Elle dura cependant près de deux mois. Au bout de six semaines, je commençais à lire assez couramment, et j'apprenais en même temps à écrire et à calculer ; de sorte qu'au moment de notre débarquement j'étais presque aussi avancé que beaucoup d'enfants de mon âge qui ont plusieurs années d'école. Je ne parle pas de mes progrès dans les armes; sous ce rapport, je passais aux yeux d'une partie de l'équipage et des passagers pour un petit prodige.

La santé du capitaine Verny était complétement rétablie. Sa gaieté, sa bonne humeur étaient revenues avec elle; il ne songeait plus qu'au bonheur de revoir sa patrie. Cependant une idée le préoccupait: c'était de profiter de l'occasion qui nous rapprochait, pour me faire renouveler connaissance avec Mme Leclerc. Dans les premiers jours de notre navigation, le capitaine était trop malade pour y songer. D'ailleurs, la veuve du général ne recevait personne; elle sortait rarement de sa chambre; et si, quand le temps était beau, elle prenait l'air sur la dunette, c'était toujours seule ou accompagnée d'une de ses femmes, et des sentinelles étaient placées pour empêcher tout importun d'approcher d'elle. Cependant peu à peu ses promenades devinrent plus fréquentes et plus longues; elle s'entretenait avec différentes personnes de sa connaissance, et même elle consentait à recevoir, quand cela lui convenait, des personnes qu'elle ne connaissait pas et qui désiraient lui être présentées.

Le capitaine, instruit de ces particularités, jugea le moment favorable pour exécuter son projet. Il lui écrivit une lettre pour lui demander une audience; la réponse ne se fit pas attendre, et l'audience fut accordée pour le lendemain.

A l'heure indiquée, nous nous présentâmes, mon protecteur et moi, devant Pauline Bonaparte. Qu'elle était différente de ce que je l'avais vue la première fois! Au lieu de la brillante parure qu'elle portait alors, au lieu des pierreries qui étincelaient dans sa coiffure et qui ruisselaient sur son cou, une simple robe noire la couvrait, un voile de crêpe noir entourait sa tête, et sa figure pâle et triste annonçait que le deuil n'était pas seulement sur ses vêtements, mais aussi dans son âme. Après avoir répondu à notre salut par une inclination de tête gracieuse, de la main elle nous fit signe de nous asseoir sur des siéges placés de chaque côté d'elle; puis, prenant la parole la première, elle s'adressa au capitaine et lui dit : « Je suis bien aise de vous voir, capitaine, ainsi que votre jeune protégé, que je n'ai pas oublié, quoique je l'aie connu dans un temps bien différent de celui-ci, ajouta-t-elle avec un soupir; mais j'ai un reproche à vous faire, c'est d'avoir attendu si longtemps pour me le présenter. Voilà six semaines que nous sommes sur le même bâtiment, et ce n'est qu'à la fin de notre longue navigation que vous me faites connaître votre présence à bord. »

Le capitaine s'excusa sur son état de maladie, et sur la crainte qu'il avait eue d'être importun; puis il la remercia du reproche bienveillant qu'elle lui avait adressé, et où il voyait la preuve du souvenir qu'elle avait conservé de cet enfant, dont elle avait bien voulu être en quelque sorte la marraine.

« Certainement je ne l'ai pas oublié, ni ses malheurs, ni la manière dont il a su mériter d'être reçu l'enfant adoptif de la 19ᵐᵉ légère. Je le vois avec plaisir sous l'uniforme de ce brave corps, qui a été, lui aussi, cruellement éprouvé, et dont j'ai eu l'occasion d'admirer la bravoure dans l'affaire du 16 septembre dernier. Êtes-vous ici un grand nombre de votre demi-brigade?

— Nous sommes une dizaine de convalescents, répondit le capitaine, et peut-être les seuls survivants de tous nos camarades.

—Quel horrible dénouement, après un si glorieux début ! et qui se serait attendu, il y a huit mois, quand je vous ai vu pour la première fois, à d'aussi épouvantables catastrophes ! » Et en disant ces mots, Mᵐᵉ Leclerc appuya sa tête sur le mouchoir qu'elle tenait à la main, et resta quelques instants silencieuse. Puis, relevant la tête, les yeux encore baignés de larmes, elle reprit: « Mais parlons de cet enfant.... Je trouve qu'il a beaucoup grandi, et que son teint a blanchi considérablement; ce n'est plus aujourd'hui que je lui ferais l'injure de l'appeler un mulâtre, dit-elle en s'efforçant de sourire. Vous avez dit tout à l'heure, capitaine, que j'avais bien voulu être *en quelque sorte* sa marraine, mais je voudrais bien l'être d'une manière réelle. Savez-vous si cet enfant a été baptisé?

— Ma foi, Madame, je n'en sais absolument rien; mais j'en doute beaucoup, car il a dû naître au milieu de désordres et de troubles qui n'auront guère permis à ses parents de s'occuper de son baptême.

— Eh bien, il me vient une idée, reprit Pauline. Nous avons ici le Père Lecun, ancien curé de Port-au-Prince, qui retourne en France; je m'entendrai avec lui, et il baptisera votre pupille sous condition. Je serai sa marraine, et vous, capitaine, comme représentant de la 19ᵉ demi-brigade, vous serez son parrain. Cela vous convient-il?

— Oh ! Madame, quel honneur pour Paul et pour moi ! et comment vous remercier !...

— Il ne s'agit pas de remerciement, interrompit vivement Mᵐᵉ Leclerc; cela vous convient, c'est tout ce qu'il faut. Je vais m'entendre avec le Père Lecun, et nous ferons la cérémonie le plus tôt possible, dès demain s'il se peut. » A ces mots, elle se leva pour aller faire sa promenade habituelle; le capitaine voulut encore balbutier quelques mots de remerciements en la saluant; elle lui imposa silence d'un geste, et sortit.

Le pauvre capitaine était tout étourdi de ce qu'il venait d'entendre : lui, devenir le compère de la sœur du premier consul! c'était un rêve à le rendre fou. Et moi, étais-je heureux et fier! je courais raconter mon bonheur à tout le monde, même à des gens que je ne connaissais pas et que cela n'intéressait guère. Quand le sergent Beau-Soleil apprit le résultat de notre visite, il en parut fort peu enchanté, sous un rapport. « J'aime mieux ce qu'elle a fait et dit à Port-au-Prince, que ce qu'elle veut faire aujourd'hui, » continua-t-il en prenant son ton le plus bourru. « Tu avais reçu, comme elle le disait elle-

même, le baptême du feu, n'était-ce pas suffisant ?
pourquoi veut-elle te faire donner aujourd'hui le
baptême à la façon des prêtres? C'était bon cela
avant la révolution; mais depuis qu'on a fermé les
églises, supprimé la messe, chassé les curés, je ne
vois pas trop à quoi cela peut servir; à moins que,
comme je me le suis laissé dire, on ne veuille revenir
aux vieilles modes, et qu'il soit vrai, toujours comme
je me le suis laissé dire, que le général Bonaparte
ait rouvert les églises et rappelé les prêtres et les
émigrés : alors il faudra changer la consigne; mais
alors aussi je me demanderai : à quoi bon avoir fait
une révolution? »

Je ne comprenais pas grand'chose aux réflexions
du vieux soldat républicain. Dès que je m'aperçus
qu'il ne partageait pas mon enthousiasme, je le
laissai exhaler tout seul sa mauvaise humeur, et je
courus chercher quelqu'un qui prît plus de part à
ma joie.

CHAPITRE VIII

LE VÉRITABLE BAPTÊME.

Pauline Bonaparte avait dans le caractère beaucoup de la décision et de la fermeté de son frère. Elle montrait aussi dans l'occasion un courage au-dessus de son sexe et de son âge : elle n'avait alors que vingt et un ans. Ainsi, dans l'affaire du 16 septembre, à laquelle elle avait fait allusion lors de notre entrevue, sa conduite avait été vraiment héroïque. C'était le jour où Clervaux, après sa défection, attaquait le Cap avec plus de dix mille hommes. On se rappelle que Leclerc n'avait à lui opposer que deux cents hommes valides de notre demi-brigade, et un millier de gardes nationaux. La partie, comme on le voit, n'était pas égale, sans compter que les insurgés avaient dans la ville bon nombre de partisans prêts à se joindre à eux au moindre échec que nous aurions éprouvé. Leclerc, toutefois, ne craignant rien pour lui-même, mais tremblant pour les jours de sa jeune femme, qui habitait en ce moment un des quartiers les plus exposés de la ville, chargea un officier de la conduire à bord d'un des vaisseaux de l'escadre stationnée dans la rade, pour la mettre à l'abri des projectiles qui pouvaient atteindre le quartier où elle se trouvait, et surtout de la fureur des noirs, s'ils venaient à triompher.

Quand l'officier se présenta pour lui faire connaître les intentions du général : « Non, répondit-elle, je ne quitterai pas la ville avant mon mari; s'il court du danger, je dois le partager, et mourir avec lui s'il doit mourir. »

La résolution avec laquelle ces paroles furent prononcées ne permit pas à l'officier d'insister. Il se retira pour aller rendre compte au général du résultat de sa mission; mais les divers incidents d'un combat qui se passait sur plusieurs points opposés et éloignés les uns des autres, ne lui permirent de rejoindre Leclerc que longtemps après.

Pendant ce temps-là, Mme Leclerc, entourée de plusieurs dames du Cap qui étaient venues chercher un refuge auprès d'elle, cherchait à les encourager et à les consoler. Quand le bruit du combat semblait se rapprocher, quand les explosions de l'artillerie et de la mousqueterie, éclatant à peu de distance, pouvaient faire craindre un danger imminent, ses compagnes exprimaient par des exclamations de terreur ou par des larmes et des sanglots les appréhensions qu'elles ressentaient. « Vous pouvez pleurer, leur dit-elle, vous qui n'êtes pas comme moi sœur de Bonaparte ! » Et Pauline, l'œil sec mais animé, la figure calme et impassible, s'avançait sur le balcon pour mieux juger les mouvements des combattants. Parfois les balles et les boulets sifflaient au-dessus de sa tête, quelques-uns même de ces projectiles égarés venaient frapper la maison où elle se trouvait; elle n'y faisait pas attention, et elle continuait à suivre, autant que cela lui était possible, les péripéties du combat.

Ce ne fut qu'à la fin de cette pénible journée que le général, voyant la prise du Cap inévitable, envoya un aide de camp avec l'ordre formel de faire embarquer, de force au besoin, sa femme ainsi que les dames de la ville. On n'eut pas besoin pour déterminer celles-ci d'employer la violence; mais il fallut jeter Pauline dans un fauteuil qu'emportèrent quatre soldats. Dès qu'on fut arrivé à la cale de l'embarquement, un autre aide de camp du général vint apporter la nouvelle de la défaite des noirs. « Je le savais bien, dit-elle froidement, que je ne m'embarquerais pas; retournons à la résidence. »

On voit qu'elle pouvait parler avec connaissance de cause de la conduite tenue par notre demi-brigade dans cette terrible journée du 16 septembre; aussi, quand les autres camarades apprirent ce qu'elle avait dit à ce sujet, ils en furent enthousiasmés, et ils ne le furent pas moins d'apprendre qu'elle voulait être ma marraine en réalité, et non pas de nom seulement.

Sous ce rapport, aucun d'eux ne fut de l'avis du sergent Beau-Soleil.

Quant au capitaine Verny, il n'éprouvait qu'une crainte, c'était que Mme Leclerc ne vînt à changer d'avis. Les femmes, se disait-il, sont si capricieuses ! Mais il ne connaissait pas Pauline Bonaparte ; car à peine avait-il eu le temps de faire cette réflexion, que le Père Lecun vint le trouver de sa part, lui annonçant que madame la générale désirait que la cérémonie se fît le lendemain. « Elle aurait même voulu, ajouta l'abbé, qu'elle se fît aujourd'hui ; et moi, au contraire, j'aurais désiré la retarder de quelques jours, afin de préparer notre jeune catéchumène à la réception d'un si grand sacrement ; mais elle est impatiente, et quand elle a résolu quelque chose, il faut que tout cède à ses désirs. Cependant, comme j'insistais pour avoir au moins le temps de donner quelques instructions préliminaires à l'enfant, elle m'a fermé la bouche par cet argument :

—S'il était en danger de mort, hésiteriez-vous à lui conférer le baptême?

— Non certainement, ai-je répondu.

— Eh bien, reprit-elle, nous sommes sur un navire, au milieu de l'Océan ; des planches de quelques pouces d'épaisseur sont la seule barrière qui nous sépare de la mort, et mille accidents imprévus, une tempête, un rocher caché sous l'eau, la foudre du ciel, que sais-je? peuvent à chaque instant détruire la frêle machine qui nous porte sur les abîmes de la mer, et nous y engloutir tous ensemble.

Si un pareil malheur nous arrivait, n'emporteriez-
vous pas en mourant le regret déchirant d'avoir été
cause, par un zèle peut-être exagéré, que cet enfant
mourût sans le baptême ? »

« J'ai cédé, et tout ce que j'ai pu obtenir, c'est
que la cérémonie se ferait demain à quatre heures
du soir, et que j'emploierais le temps jusque-là à
donner à votre pupille les instructions les plus indispensables. »

Le capitaine, qui ne comprenait pas les scrupules
de l'abbé, ne lui savait aucun gré du retard qu'il avait
voulu apporter aux désirs manifestés par Mme Leclerc. Cependant il ne lui en témoigna rien, et
parut satisfait de l'arrangement convenu. Il me fit
aussitôt appeler, et me remit entre les mains du Père
Lecun.

Ce digne ecclésiastique m'emmena dans sa cabine,
et commença par m'interroger sur ce que je savais en
fait de religion. Cet examen ne fut pas long, car tout
ce que j'avais appris, je le tenais de ma nourrice ; et
c'était, comme je l'ai dit, le *signe de la croix*, l'*Orai-
son dominicale* et la *Salutation angélique*. Quand
j'eus ajouté que ma nourrice avait soin de me faire
réciter matin et soir ces prières, et que depuis que je
l'avais perdue j'avais rarement manqué de le faire :
« C'est bien, me dit-il, c'est très-bien ; votre nourrice vous a donné là une excellente habitude : il faut
tâcher de ne jamais la perdre, et dans quelque circonstance que vous vous trouviez, ne jamais manquer de réciter au moins cette courte prière, dont je

vais tâcher de vous faire comprendre le sens et l'importance. »

Alors, dans des paroles simples et à ma portée, il commença par m'expliquer le signe de la croix, qui n'est autre chose qu'une profession abrégée du christianisme. Il prit de là occasion de me parler de Dieu, Père et Créateur de toutes choses, du mystère de la sainte Trinité, du mystère de l'Incarnation et de la Rédemption ; il me montra la religion comme le lien qui nous rattache à Dieu et à l'observation de ses lois par les sentiments de respect, de reconnaissance, de soumission, de crainte, de confiance et d'amour, que nous inspirent ses divines perfections et les bienfaits que nous avons reçus de lui. Il m'expliqua comment le premier homme, en violant la loi de Dieu, aurait fait perdre à toute sa postérité le droit à la béatitude éternelle, si le Fils de Dieu lui-même, Jésus-Christ, ne s'était fait homme et n'était mort sur la croix pour racheter tous les hommes de la peine qu'ils avaient encourue par le péché de leur premier père. Il me raconta alors en peu de mots la vie et la mort de l'Homme-Dieu, les miracles qu'il accomplit pour prouver sa mission, la doctrine qu'il enseigna à ses disciples, les sacrements qu'il institua pour la sanctification de nos âmes ; la mission qu'il donna à ses apôtres pour annoncer cette même doctrine à toutes les nations, et le pouvoir qu'il leur donna en même temps, et à leurs successeurs, de conférer les sacrements et d'enseigner son Évangile. « Cette religion, me dit-il, apportée à la terre par le Fils de

Dieu lui-même, s'appelle la religion du Christ ou le christianisme, et ceux qui la professent sont nommés chrétiens; mais pour faire partie de la société ou de l'Église chrétienne, la première condition est de recevoir le sacrement de baptême; puis il faut croire les vérités que la religion nous enseigne et pratiquer les devoirs qu'elle nous impose. » Il me mit alors entre les mains un catéchisme dont il me fit lire quelques chapitres, en les accompagnant d'explications claires et courtes.

« J'aurais bien désiré, ajouta-t-il, que vous eussiez pu vous préparer au baptême en apprenant par cœur tout ce qui est contenu dans ce livre; mais comme vous n'en avez pas le temps, vous apprendrez seulement d'ici à demain le Symbole des apôtres, et, si vous le pouvez, les Commandements de Dieu. C'est assez pour aujourd'hui. Réfléchissez à ce que je vous ai dit, et surtout n'oubliez pas, avant de vous coucher, de faire le signe de la croix et de réciter votre prière accoutumée. Demain dans la matinée nous causerons encore ensemble de l'acte important auquel vous vous préparez. »

La parole de l'abbé Lecun avait quelque chose de grave et d'affectueux qui m'imposait et me touchait tout ensemble. Malgré ma légèreté, ce qu'il me dit fit sur moi une profonde impression, et se grava facilement dans mon esprit. Les événements qui se succédèrent rapidement dans ma vie toujours agitée l'effacèrent bientôt, il est vrai; mais un temps est venu où le souvenir de cette première initiation à la religion

chrétienne s'est présenté de nouveau à mon esprit
aussi clair, aussi net, que le jour même où j'entendis
la voix si touchante et si persuasive du pieux missionnaire (1).

Le lendemain, dès neuf heures du matin, le Père
Lecun me fit appeler, et nous reprîmes l'entretien de
la veille. Il m'adressa plusieurs questions, et il vit
par mes réponses que je l'avais assez bien compris. Il
me fit réciter le Symbole des apôtres et les Commandements de Dieu, que j'avais appris par cœur, comme
il me l'avait recommandé.

« C'est bien, mon enfant, me dit-il, je vois avec
plaisir que vous avez une bonne mémoire. Il faudra
dorénavant ajouter cette profession de foi, ainsi que
la récitation des Commandements, à vos prières du
matin et du soir. Dites-moi, maintenant, fit-il après
une pause de quelques instants, comprenez-vous
bien toute la grandeur, toute l'importance, toute la
sainteté du sacrement que vous allez recevoir?

— J'avoue, mon Père, répondis-je après quelque
hésitation, que jusqu'ici je n'avais regardé le baptême que comme une formalité pour donner solen-
nellement un nom à un enfant, et ce que j'y voyais
pour moi de plus honorable, c'était d'avoir pour
marraine Mme la générale Leclerc; mais vous m'avez
appris que cet acte est la première condition pour
être admis dans la société chrétienne, et alors j'ai

_____

(1) Le P. Lecun était ancien supérieur de la mission des Domini-
cains de Saint-Domingue.

compris qu'il a beaucoup plus d'importance que je
ne croyais.

— Mais ce ne sont pas là tous ses effets, reprit le
Père Lecun avec feu. Le baptême efface en vous la
trace du péché originel, il vous élève à la dignité
d'enfant de Dieu et de l'Église. Comprenez-vous à
présent toute sa grandeur et toute sa sainteté ? Avant
vous étiez frappé de réprobation, après vous devenez
un vase d'élection. Vous avez eu le malheur, presque
en naissant, de perdre les auteurs de vos jours ; vous
ignorez même leur nom : eh bien, voilà que vous
allez retrouver un père, le plus grand, le plus puissant, le meilleur de tous les pères ; vous allez avoir
pour mère la Mère de Dieu, la sainte Vierge Marie,
la plus tendre de toutes les mères, dont vous invo-
quez déjà le nom sans la connaître ; enfin, vous aurez
pour frère Jésus-Christ lui-même, le Fils de Dieu,
Dieu comme son Père. Voyez, mon enfant, quelle
famille vous retrouvez à la place de celle que vous
avez perdue : en est-il une plus noble, une plus glorieuse ? Et cette famille, ni les maladies, ni les révo-
lutions, ni la méchanceté des hommes, ni la mort ne
peuvent vous l'enlever. Voilà ce que vous gagnez par
votre baptême ; et dites-moi maintenant si vous le
regardez encore comme une simple formalité destinée
à vous imposer un nom. »

L'émotion qui animait le Père Lecun en prononçant
ces paroles m'avait gagné ; le souvenir de la perte de
ma famille et cette adoption dans la famille divine
m'avaient touché le cœur, et c'est presque les larmes

aux yeux que je lui répondis ce peu de mots : « Oh! oui, je comprends tout ce qu'il y a de saint et de sublime dans le sacrement de baptême, et quand même je n'aurais pas pour marraine Mme la générale Leclerc, je ne désirerais pas moins ardemment le recevoir.

— A la bonne heure! dit en m'embrassant avec effusion le bon Père, voilà d'heureuses dispositions, et nous allons sans retard nous occuper des préparatifs de la cérémonie. »

Mme Leclerc avait voulu que cette cérémonie se fît avec un certain appareil. Elle avait obtenu du capitaine du vaisseau de faire transformer en chapelle la salle du conseil. Elle invita l'état-major du bâtiment, les officiers de l'armée de terre qui se trouvaient à bord, et les dix ou douze soldats et sous-officiers de la 19e demi-brigade, à assister au baptême. Le sergent Beau-Soleil y vint comme ses camarades ; ces derniers étaient enchantés, et paraissaient aussi joyeux que le capitaine Verny lui-même. Beau-Soleil seul était sérieux, et il ne put s'empêcher de dire en sortant : « Allons, c'est tout comme dans l'ancien régime.... C'était bien la peine de faire une révolution!... »

Après la cérémonie, Mme Leclerc retint à dîner le capitaine du vaisseau, deux officiers supérieurs de je ne sais quel régiment, le Père Lecun, le capitaine Verny et moi. C'était la première fois depuis son embarquement que la veuve du général Leclerc dînait en société; elle fit les honneurs de sa table avec une grâce parfaite, quoiquelle fût toujours triste et qu'à peine de loin en loin un sourire vînt errer sur ses lèvres. Elle prit un soin de moi tout particulier pendant le repas, et au dessert elle me donna une énorme assiette chargée de diverses sucreries, qu'elle appelait les dragées du baptême.

Trois jours après cette cérémonie, notre vaisseau entrait dans la rade de Brest. Avant de débarquer, Mme Leclerc me fit appeler avec le capitaine Verny. « Où vous proposez-vous d'aller, dit-elle au capitaine, en quittant Brest?

— Je me rendrai à Paris, pour me mettre à la disposition du ministre de la guerre.

— Je serai probablement à Paris avant vous, reprit-elle, quoique je ne m'y rende pas directement; mais vous serez retenu ici pour payer votre quarantaine, et j'espère me faire exempter de cette formalité. Dès que vous serez arrivé à Paris, vous viendrez me voir, et vous m'amènerez notre filleul. Je compte sur votre exactitude. » Et elle nous fit son salut d'adieu, que je connaissais déjà. »

Le capitaine et moi nous saluâmes profondément, et nous nous retirâmes.

Mme Leclerc débarqua effectivement avant nous, et partit en poste pour son château de Montgobert près Soissons, où elle fit inhumer le corps de son mari, qu'elle avait ramené de Saint-Domingue.

Pour nous, on nous mit au lazaret, où nous restâmes dix jours. Ce fut un triste début pour mon

arrivée en France que ce séjour au lazaret de Brest.
Nous étions au mois de janvier 1803. Qu'on se figure
un enfant accoutumé comme je l'étais à vivre sous le
soleil brûlant des tropiques, à contempler une nature
splendide, et qui produit sans interruption des fleurs
et des fruits, transporté tout à coup sur les plages
arides de l'Armorique, sous un ciel brumeux, respi-
rant, au lieu de la brise tiède et embaumée, un air
glacial chargé de neige et de frimas. Malgré les vêtements chauds que m'avait procurés le capitaine, je
ne pouvais me réchauffer, et je grelottais même à côté
du feu. Mais un pauvre enfant qui souffrait encore
bien plus que moi, c'était mon cher Joseph, dont je
n'ai pas parlé depuis bien longtemps. Sa nature, créée
en quelque sorte pour vivre sous la zone torride, ne
put supporter un changement aussi subit de température. Il tomba malade à notre sortie du lazaret, et
il fallut le transporter à l'hôpital de Brest. J'étais
désolé de cette séparation, car nous étions sur le point
de partir, et je ne pouvais me faire à l'idée d'aban-
donner mon pauvre Zozo; mais le capitaine me ras-
sura de son mieux, en le recommandant devant moi
aux sœurs de l'hôpital et au directeur. De plus le
Père Lecun, qui restait à Brest, nous promit qu'il
irait le visiter tous les jours. Cette promesse me fit
bien du plaisir, car personne mieux que cet ecclésiastique ne pouvait parler à Zozo un langage qu'il com-
prît et qui fût à la portée de son intelligence. Son long
séjour à Saint-Domingue avait habitué le digne missionnaire au patois des nègres, à leurs habitudes, à

leurs idées, et il savait comment il faut les prendre pour les encourager, les consoler, ou leur faire faire même les choses qui leur répugnent le plus. Le bon Père Lecun s'acquitta consciencieusement de la tâche qu'il s'était imposée envers Joseph, et je puis affirmer que c'est lui plus que les médecins et leurs remèdes, qui fut cause de sa guérison. Il profita aussi de la maladie de Zozo pour l'instruire de son mieux dans la religion, et, n'ayant pas plus que pour moi de certitude qu'il eût été baptisé, il lui conféra aussi le sacrement de baptême sous condition. Je ne connus ces détails que plus de six mois après, et quand Zozo eut rejoint, après sa convalescence, le dépôt du régiment.

Avant notre départ de Brest, le Père Lecun vint nous faire ses adieux. Il eut à mon sujet une longue conférence avec le capitaine. Il lui rappela ses obligations envers moi comme mon père spirituel ; il l'engagea à veiller à mon instruction religieuse, et à me mettre en état de faire ma première communion le plus tôt possible.

« Vous m'en demandez bien long, ce me semble, répondit en souriant le capitaine. Dans le temps où nous vivons, nous autres militaires nous ne savons pas aujourd'hui où nous serons envoyés demain. Je ne puis donc guère m'occuper personnellement de l'éducation religieuse de cet enfant. S'il y avait encore des aumôniers dans les régiments, je saurais sur qui me décharger de ce soin ; mais comme il n'y en a plus, tout ce que je puis vous promettre, c'est de faire tous mes efforts pour qu'il devienne un honnête homme et un bon soldat.

— Et c'est aussi pour qu'il soit l'un et l'autre, reprit vivement le Père, que je désirerais qu'il fût bon chrétien. Au reste, ajouta-t-il, j'ai fait mon devoir en vous donnant cet avertissement; c'est à vous maintenant à faire le vôtre. » Et à ces mots le Père Lecun s'éloigna.

Le capitaine Verny, en me racontant plus tard son entretien avec le vieux missionnaire, comme il l'appelait, se montrait fort mécontent de l'espèce de leçon qu'il avait voulu lui donner. « Mais, ajoutait-il, on voit bien que le bonhomme radote, et qu'il croit encore retrouver la France comme il l'a laissée quand il l'a quittée, il y a trente ans. — Va, mon garçon, tu n'as autre chose à apprendre que ton catéchisme, et tu en sauras toujours assez pour être un homme d'honneur. »

On voit que sous le point de vue religieux le capitaine était un digne enfant de la Révolution, et que sous ce rapport ses idées ne différaient guère de celles du sergent Beau-Soleil. Nous verrons quel changement le temps apporta plus tard dans la manière de voir de l'un et de l'autre.

Le 25 janvier 1803, ou le 5 pluviôse an X, comme on disait encore, nous montâmes, le capitaine et moi, dans la diligence qui devait nous transporter de Brest à Nantes; à cette époque il n'existait point de voiture qui fît le service direct entre Brest et Paris. A Nantes, nous trouvâmes une autre diligence qui nous conduisit à Paris. Notre voyage dura en tout neuf jours, car on ne marchait que le jour, et l'on couchait chaque nuit. Pendant cette route de cent cinquante lieues, mes yeux ne cessaient de se porter tristement sur les campagnes désolées par l'hiver, sur les arbres dépouillés de feuillage, et qui étalaient leurs branches nues comme les membres d'un squelette. Le capitaine Verny avait beau me répéter que cet aspect changerait dans quelques mois, que les champs se couvriraient de moissons, que les prairies s'émailleraient de fleurs, que les arbres se chargeraient de feuilles et de fruits; mon imagination ne pouvait se prêter à cette métamorphose, et se reportait involontairement vers mon pays natal; un soupir s'exhalait de ma poitrine, et parfois mes yeux se remplissaient de larmes.

CHAPITRE IX

ARRIVÉE A PARIS. — REVUE AUX TUILERIES. — VISITE
A Mme LECLERC. — ARRIVÉE AU DÉPÔT.

Notre arrivée à Paris apporta une diversion puissante aux réflexions qui m'avaient souvent attristé pendant le voyage. J'avais bien souvent entendu parler de cette ville immense, mais je n'avais pu me faire aucune idée du spectacle inattendu qu'elle m'offrit dès notre entrée dans son enceinte. Ces maisons hautes comme le grand mât d'un navire, cette foule bruyante, animée, qui circulait dans les rues, et cette multitude de voitures qui les sillonnaient en tous sens, me causèrent un étonnement ou plutôt un étourdissement qui ne me permit bientôt plus de rien distinguer. En descendant de voiture dans la cour des Messageries, j'étais comme un homme ivre, et je regardais d'un air hébété tous les objets qui m'en-

✦ vironnaient. Le capitaine, à quelques pas de moi, m'appelait à tue-tête, et je ne l'entendais pas. Enfin il me prit par le bras, me fit monter dans un fiacre, et s'installa à côté de moi en me disant : « Eh bien ! Paul, est-ce que tu dors tout éveillé ?

— Non, répondis-je, je ne dors pas ; mais je suis tout abasourdi... Jamais je n'ai vu tant de monde : mais d'où sortent-ils donc tous ?

— Bah ! répondit en riant le capitaine, tu en verras bien d'autres, et tu t'y accoutumeras. »

Nous descendîmes dans un hôtel rue de Grenelle-Saint-Honoré. Le capitaine prit une chambre et un cabinet contigu, où il fit installer un lit pour moi.

Mon intention n'est pas, comme on le pense bien, de rendre compte de toutes les surprises, de toutes les sensations que j'éprouvai pendant mon premier séjour à Paris. Quoique ces premières impressions tiennent encore aujourd'hui une grande place dans mes souvenirs, elles auraient trop peu d'intérêt pour mes lecteurs. D'ailleurs, comme me l'avait dit le capitaine, je ne tardai pas à m'accoutumer au tumulte de Paris, et la succession rapide et variée des objets finit par en émousser la sensation. Mais ce qui est resté plus profondément gravé que tout le reste dans mes souvenirs, ce qu'aucune autre impression n'a jamais effacé, c'est le spectacle d'une revue passée par le premier consul dans la cour des Tuileries.

La puissance de Napoléon Bonaparte comme consul était alors à son apogée ; après avoir arraché la

France à l'anarchie, il y avait établi l'ordre et le
règne des lois ; il avait triomphé des ennemis du dehors, et avait obtenu une paix glorieuse et générale
avec toutes les puissances étrangères ; il avait enfin
réconcilié la France avec l'Église, relevé les autels
abattus pendant la tourmente révolutionnaire, et
rappelé au sein de la patrie tous ses enfants que la
révolution en avait exilés. Aussi il fallait entendre
avec quel enthousiasme son nom était alors prononcé
par toutes les bouches. Mais c'étaient surtout les militaires de tous grades qui n'en parlaient que comme
du plus grand capitaine qui eût jamais existé, comme
d'un héros incomparable, presque comme d'un demi-
dieu. Le capitaine Verny était un de ses plus fervents
admirateurs, surtout depuis qu'il avait contracté une
sorte d'alliance avec la sœur de son héros ; et je par-
tageais, comme on le pense bien, et par les mêmes
motifs, son admiration. Aussi, le jour où il me pro-
posa de me faire assister à une revue du premier
consul, je fus dans le ravissement. Il y avait dans la
cour des Tuileries au moins sept à huit mille hommes
de toutes armes, tous en brillants uniformes, tous rap-
pelant de glorieux souvenirs ; mais dans cette foule
je ne vis qu'un seul homme, et tant que dura la
revue, mes yeux ne se détachèrent pas du héros d'Ar-
cole et des Pyramides, du vainqueur de Marengo.
Je n'étais pas le seul à qui il inspirât cette sorte
d'enivrement ; tous ceux qui assistaient à ce spectacle
l'éprouvaient comme moi, et il éclatait également
sur la figure de l'ouvrier et du simple citadin, et

sur ces mâles visages de soldats bronzés par le soleil d'Italie et d'Égypte.

Plusieurs dames assistaient à cette revue du haut du balcon du pavillon de l'Horloge. Je n'y avais fait d'abord aucune attention; mais au moment où le premier consul, après le défilé, s'apprêtait à rentrer dans le château, mes regards se portèrent par hasard sur le balcon, et je reconnus aussitôt ma marraine au milieu de plusieurs autres dames. « Capitaine, m'écriai-je aussitôt, voilà ma marraine! la voyez-vous?

— Tais-toi donc, me répondit-il tout bas, je l'ai déjà remarquée; mais rappelle-toi qu'ici, au milieu de la foule qui nous environne, il n'est pas convenable de parler ainsi à haute voix des personnes qui touchent de près au premier consul. »

Je me tus, sans toutefois comprendre les motifs de cette réserve; car, si l'on m'avait laissé faire, j'aurais volontiers crié sur les toits que j'avais pour marraine une des sœurs du premier consul.

Je connus plus tard ce qui causait la circonspection du capitaine Verny. On se rappelle que Mme Leclerc, en quittant Brest, l'avait engagé à venir la voir à Paris aussitôt qu'il y serait arrivé. Il s'était présenté à son hôtel; mais on lui avait répondu qu'elle était absente encore pour quelque temps. Il était allé au ministère de la guerre; on l'avait ajourné à un temps indéterminé. Il était retourné le matin même de la revue à l'hôtel de Pauline Bonaparte; on lui avait toujours répondu qu'elle n'était pas encore à Paris.

Fatigué de tant de lenteur, il avait pris la résolution de s'adresser au premier consul lui-même, et c'était pour cela qu'il m'avait conduit à la revue avec lui, avec l'intention bien arrêtée de saisir l'occasion de se présenter à Bonaparte, et de lui exposer en peu de mots sa position et la mienne. Mais la vue de Mme Leclerc au balcon des Tuileries changea sa détermination. Assuré maintenant de sa présence à Paris, il lui écrivit une lettre pour lui rappeler la promesse qu'elle nous avait faite à Brest, et lui demander une audience pour lui et pour moi. Cette lettre resta pendant trois jours sans réponse ; on ne saurait peindre l'inquiétude du capitaine pendant cette longue attente.

Le quatrième jour, au matin cette inquiétude était presque devenue du désespoir. « Vois-tu, me disait-il en se promenant à grands pas dans la chambre, il ne faut jamais se fier aux promesses des grands. Mme Leclerc est aujourd'hui presque une princesse, car son frère est devenu un véritable souverain, et le plus grand, le plus puissant de l'Europe. Comment veux-tu qu'elle songe maintenant au pauvre petit orphelin dont elle a bien voulu être marraine pendant qu'elle était elle-même sous le poids de l'infortune, et au petit capitaine d'infanterie qu'elle a daigné associer à cet acte qui n'était pour elle qu'un caprice, une distraction à ses ennuis du moment? »

A peine achevait-il ces réflexions pleines d'amertume, qu'un valet de pied en livrée vert et or (c'était dès lors celle du premier consul et de sa famille)

fut introduit dans la chambre, et présenta au capitaine
une lettre de la part de Mᵐᵉ Leclerc, en demandant
une réponse. C'était une invitation à se rendre, à
quatre heures précises, à l'hôtel de la sœur du premier consul, *avec Paul Saint-Marc, son filleul :* ces
derniers mots étaient soulignés. Je n'ai pas besoin
de dire quelle fut la réponse du capitaine, ni à quel
point ce message le calma.

Avec une exactitude toute militaire, au moment
même où quatre heures sonnaient, nous frappions,
rue de la Victoire, à l'hôtel qui appartenait au général Bonaparte, et où logeait sa sœur. Elle nous
attendait seule dans son salon, où nous fûmes introduits sur-le-champ :

« Je vous demande pardon, commandant, dit-
elle dès que nous fûmes entrés, de vous avoir fait
attendre si longtemps ma réponse à votre lettre ;
mais des affaires imprévues m'ont retenue à la campagne plus de temps que je ne le prévoyais, et après
mon retour à Paris, mon frère, que je n'avais pas vu
depuis plus d'un an, ne m'a pas laissé un instant de
liberté.

— Vous n'avez pas besoin, Madame, de vous
excuser ; Paul et moi nous sommes trop heureux...»
Mais Mᵐᵉ Leclerc ne laissa pas mon tuteur achever le compliment qu'il avait entamé, et l'interrompant après ces premiers mots :

« Vous vous trompez, commandant ; on a toujours besoin d'excuse quand on manque d'exactitude.
Je ne sais quel souverain a dit que l'exactitude est

la politesse des rois ; moi , je prétends que c'est aussi celle des femmes placées dans un certain rang de la société ; ainsi, mon cher commandant, vous voyez que j'avais raison de vouloir m'excuser auprès de vous. »

Ces mots *mon cher commandant* avaient été dits avec une certaine inflexion de voix qui dénotait une intention marquée. La première fois qu'elle s'était servie de cette expression , le capitaine l'avait attribuée à une erreur facile à commettre chez une femme plus habituée à parler à des officiers supérieurs qu'à de simples capitaines. Mais cette fois il n'y avait pas à s'y méprendre ; Pauline Bonaparte n'était pas femme à dire de ces banalités comme celles que contenait sa réponse ; il était évident que ce n'était qu'un cadre dans lequel elle avait voulu placer ce mot de *commandant* qu'elle avait répété deux fois. Aussi, voulant en avoir sur-le-champ le cœur net , il répliqua en souriant : « Vous faites erreur, Madame, en m'appelant commandant ; vous voyez par mes épaulettes que je suis toujours capitaine , comme je l'étais quand j'ai eu l'honneur de vous voir pour la première fois.

— Eh bien , c'est encore vous qui vous trompez, reprit Pauline en riant, et je vais vous en donner la preuve. En même temps elle sortit du tiroir d'une petite table placée à côté d'elle plusieurs papiers renfermés dans une de ces sortes d'enveloppes qu'on appelle *chemises ;* elle en prit un plié en quatre , et le remettant au capitaine : « Voyez, dit-elle , si je me trompe. »

Le capitaine s'empressa d'ouvrir le papier qu'elle lui présentait. C'était un brevet de chef de bataillon bien et dûment en règle, signé *Bonaparte, premier consul,* et *Berthier, ministre de la guerre.*

Le capitaine, ou plutôt le commandant Verny, comme je l'appellerai désormais, rougit et pâlit tour à tour et presque subitement. Il allait commencer un remercîment, quand Mme Leclerc l'arrêta au moment où il ouvrait la bouche. « Attendez un instant, reprit-elle vivement, j'ai encore quelque chose à vous donner ; ensuite vous me remercierez en gros, cela sera plus tôt fait. » Elle remit au nouveau commandant un autre papier, plié comme le précédent, avec invitation d'en prendre connaissance. C'était un arrêté du premier consul qui nommait le commandant Verny membre de la Légion d'honneur.

Le pauvre homme, au comble de la surprise et de l'émotion, ne put se contenir. « Madame, Madame, s'écria-t-il, vous me comblez ! comment vous témoigner ma reconnaissance? s'il ne fallait que mon sang pour vous prouver mon dévouement !...

— Calmez-vous, commandant, interrompit Pauline d'un ton très-sérieux. Vous ne me devez pas tant de reconnaissance que vous le croyez. Ces deux papiers sont signés de la main du premier consul, de celle du ministre de la guerre et du grand chancelier de la Légion d'honneur. Le premier consul ne confère pas légèrement des grades et des titres, il ne les accorde surtout jamais à la faveur, et croyez-le bien, ce n'est qu'après un sérieux examen de vos états de service

que vous avez été jugé digne de cet avancement et
de cette distinction. Pour moi, toute mon influence
s'est bornée à hâter l'expédition de ces deux pièces,
que je tenais à vous remettre moi-même : voilà la
véritable explication du retard que j'ai mis à répondre à votre lettre. Vous voyez donc que je ne suis
pour rien dans la double nomination qui vous concerne ; aussi, pour y participer en quelque chose,
j'ai voulu vous faire cadeau de la décoration que
mon frère vous autorise à porter. » En disant ces mots
elle présenta au commandant une croix de la Légion
d'honneur suspendue à un ruban rouge, qu'elle lui
attacha elle-même à la boutonnière. « Je vous permets,
ajouta-t-elle en riant, de me remercier de ce brillant
cadeau, car je puis vous affirmer que je l'ai acheté
chez mon bijoutier, et que ni le premier consul, ni le
ministre, ni le grand chancelier, n'y sont pour rien.
Puis, sans laisser à M. Verny le temps de lui répondre, elle se tourna vers moi et me dit :

« A votre tour, mon cher filleul, car je ne vous ai
point oublié. Voilà pour aider aux premiers frais de
votre éducation ; c'est un devoir auquel sont tenus
les parrains et marraines à défaut des parents. Le
commandant s'acquittera personnellement de ce devoir en ce qui le concerne, et comme je ne puis en
faire autant, j'ai tâché d'y suppléer d'une autre manière. » Et elle me remit aussi un papier qui n'était
point un brevet d'officier, ni de membre de la Légion
d'honneur, mais un titre de huit cents francs de
rente sur l'État. Je n'étais guère dans le cas de com-

prendre ce bienfait; et la vue de ce papier était loin de produire sur moi l'effet de ceux qu'elle venait de remettre à mon parrain. Comme si elle eût deviné ma pensée, elle s'empressa d'ajouter : « Tenez, commandant, prenez vous-même ce titre; c'est à vous comme tuteur naturel de notre filleul que je le confie; vous en emploierez les revenus pour son éducation pendant sa minorité, et vous le lui remettrez à sa majorité comme un souvenir de sa marraine. »

Le commandant Verny voulut alors entamer de longues phrases de remercîments pour lui et pour moi; mais Pauline l'interrompit de nouveau : « Je sais tout ce que vous voulez me dire, mais je n'ai pas le temps de l'entendre. Le premier consul m'attend aux Tuileries, et vous savez qu'avec lui il faut être exact. Ainsi, je vous dis adieu. Dans toute circonstance où vous auriez besoin de moi pour vous ou pour Paul, écrivez-moi, et si je puis vous être utile à l'un ou à l'autre, je ne m'y épargnerai pas. — Ah ! j'oubliais de vous dire, commandant, de passer demain chez le ministre de la guerre. Vous serez reçu dès que vous vous présenterez, et l'on ne vous renverra pas comme on l'a fait ces jours derniers. »

Là-dessus elle se leva; nous lui fîmes un profond salut, et nous nous retirâmes.

En descendant l'escalier de l'hôtel, le commandant Verny me serrait la main avec force sans dire un mot. Il garda le même silence jusqu'à ce que nous fussions montés dans le fiacre qui nous avait amenés. Il paraissait oppressé sous le poids des émotions suc-

cessives qu'il venait d'éprouver. Dès que nous fûmes
seuls, il laissa éclater, comme par une explosion soudaine, l'expression des sentiments qui l'agitaient.
M'embrassant avec une tendresse toute paternelle :
« C'est à toi, me dit-il, ô mon enfant, que je dois
tant de bonheur. Si je ne t'avais pas rencontré, rien
de ce qui m'arrive aujourd'hui n'aurait eu lieu. Elle
n'avait pas besoin de me le recommander, la noble
femme que nous quittons ; oui, je serai pour toi un
père, un père tendre et dévoué. Malheureux que
j'étais, s'écria-t-il après un moment de silence ;
malheureux que j'étais de douter un instant de cette
femme ! comme si elle ressemblait aux autres femmes,
comme si elle n'avait pas dans les veines du sang de
l'homme extraordinaire qui règle en ce moment les
destinées du monde, et qui fera l'admiration de la
postérité la plus reculée. »

Et pendant tout le temps que nous mîmes à faire
le trajet de la rue de la Victoire à la rue de Grenelle-
Saint-Honoré, il ne cessa d'exhaler sa reconnaissance
par des exclamations retentissantes, qui eussent attiré
l'attention des passants si elles n'eussent été cou-
vertes par le bruit de notre voiture, et par celui
qui se fait continuellement dans ce quartier popu-
leux.

Le lendemain, de bonne heure, M. Verny se rendit
au ministère de la guerre. Cette fois il fut reçu dès
qu'il se présenta. On lui donna le commandement du
bataillon de dépôt du 19e régiment d'infanterie légère (car on venait de substituer l'ancienne dénomi-

nation de régiments aux corps que depuis une dizaine d'années on appelait demi-brigades), avec ordre de se rendre immédiatement à Dijon, où se trouvait le dépôt. Le ministre, en lui remettant sa commission et ses instructions, lui dit gracieusement : « Vous auriez peut-être préféré commander un bataillon de guerre ; mais comme vous venez de faire une campagne pénible et une longue maladie, nous avons pensé qu'il était à propos de vous confier pendant quelque temps un poste sédentaire, où vous pourrez achever de rétablir votre santé, tout en veillant à l'instruction des conscrits et à l'éducation des enfants de troupe qui se trouvent au dépôt. En cela nous avons suivi les intentions d'une personne qui vous porte intérêt, ainsi qu'à un de ces enfants que vous avez ramenés de Saint-Domingue. »

Dès le jour suivant nous partîmes pour Dijon, et quatre jours après j'étais installé dans la caserne au milieu d'une vingtaine d'autres enfants, dont le plus grand nombre étaient à peu près de mon âge.

J'eus bientôt fait connaissance avec mes nouveaux camarades. Quand ils surent que j'étais le pupille du commandant, quand ils apprirent surtout que j'étais le filleul et le protégé de la sœur du premier consul, ils me témoignèrent une sorte de déférence qui ne flattait pas peu mon orgueil. C'était à qui montrerait le plus d'empressement pour me rendre quelque petit service, ou pour m'initier aux détails de la vie militaire. Les enfants sont comme les hommes : ils sont toujours enclins à se faire les courtisans de ceux qu'ils regardent comme tenant de près ou de loin aux grands ou aux puissants de ce monde.

Le commandant Verny m'avait laissé, pour ainsi dire, seul pendant les premiers jours de notre arrivée à la garnison, soit que les occupations que lui donnaient ses nouvelles fonctions ne lui eussent pas permis de s'entretenir avec moi comme d'habitude, soit qu'il voulût me laisser un peu livré à moi-même pour voir comment je m'habituerais à ma nouvelle existence. A peine l'avais-je entrevu deux ou trois fois dans les visites rapides qu'il faisait au quartier, et il ne m'avait adressé qu'une fois la parole, encore pour me dire des choses insignifiantes, tandis qu'il avait causé assez longtemps et avec bienveillance avec quelques-uns de mes camarades. Cela m'avait contrarié : non que je craignisse une diminution dans l'affection qu'il me portait, mais parce que cette espèce d'indifférence pouvait nuire à la bonne opinion que mes camarades avaient conçue de mon crédit auprès du chef de bataillon.

Je m'aperçus effectivement, après la visite du commandant, d'un changement notable dans la conduite de quelques-uns de mes camarades envers moi. Ceux qui m'avaient le plus adulé avaient reporté leurs flatteries à celui pour qui le chef de bataillon s'était montré plein de bienveillance. C'était le fils d'un ancien camarade de M. Verny, du lieutenant Renault, tué à la bataille de Marengo. Il avait au moins deux ans de plus que moi; il suivait les cours du lycée de Dijon, et se préparait à subir ses examens pour entrer à l'École militaire. C'était du reste un excellent garçon, plein de loyauté et de franchise. Il m'avait accueilli à mon arrivée avec cordialité; mais sans cette affectation, sans cet empressement presque servile de ceux qui semblaient me négliger aujourd'hui pour se retourner de son côté. Le jeune Renault avait plus d'expérience que moi; il connaissait mieux surtout ceux à qui il avait affaire; il reçut très-froidement leurs compliments, et quelques-uns d'entre eux ayant voulu persister, il leur ferma la bouche en disant qu'il n'aimait pas les girouettes.

Cette scène, dont j'avais été témoin, fut pour moi une utile leçon. Elle m'apprit à me défier des flatteurs, et me fit apprécier la valeur de leurs adulations. En même temps elle m'inspira un vif désir de me lier d'amitié avec ce jeune Renault, dont le caractère franc, peut-être même un peu brusque, me plaisait beaucoup.

Enfin, un jour le commandant me fit appeler chez lui, et s'entretint longtemps avec moi. Il avait su dans les moindres détails tout ce qui s'était passé entre mes camarades et moi. « Tu as eu tort, me dit-il, de faire devant eux une espèce d'étalage de ta liaison avec moi et de la protection que t'accorde la sœur du premier consul. Songe que vous êtes tous égaux, et que tu ne dois chercher à te distinguer que par ta bonne conduite, ton obéissance envers tes chefs et ton zèle pour ton instruction. Sois doux, affectueux et bon envers tes camarades; mais évite d'être trop communicatif. Fais-toi des amis, si tu peux ; mais repousse les complaisants et les flatteurs.

« Voilà assez de morale pour aujourd'hui, ajouta-
t-il en changeant de ton ; je vais maintenant te parler
d'autre chose. A compter de demain, six de nos enfants, dont tu feras partie, suivront comme externes
les classes du lycée de la ville, ainsi que le fait déjà
le jeune Renault. En outre vous aurez ici, entre les
classes, un répétiteur qui veillera à ce que vos devoirs soient faits exactement, et qui vous donnera des
leçons particulières pour vous faire avancer le plus
qu'il sera possible. Songe bien, mon cher Paul, que
tu n'as pas un instant à perdre pour ton instruction.
Tu as près de douze ans, et tu sais à peine lire,
tandis qu'une foule de jeunes gens de ton âge écrivent
déjà très-bien, connaissent leur grammaire, l'a-
rithmétique, le dessin, la géographie et un peu
d'histoire ; voilà ce que savent déjà la plupart de
ceux que tu vas avoir pour condisciples, et qui, à
l'exception de deux, sont plus jeunes que toi. Tu vois
que tu n'as pas sujet de te montrer fier avec eux ;
aussi tous tes efforts doivent tendre maintenant à les
atteindre, et bientôt à les surpasser. Tu n'as guère
que trois à quatre ans au plus à consacrer à tes
études, et il faut que tu en saches autant au bout de
ce temps-là que ceux qui passent sept ou huit ans
sur les bancs des colléges. A quinze ou seize ans, il
faudra que tu sois en état ou d'entrer à l'École militaire, ou tout au moins de faire un bon sergent-
major, si tu prends directement du service sans passer par l'École. Ce n'est qu'à ces conditions, mon

enfant, que tu pourras compter sur la continuation de la protection de ta marraine, et que tu trouveras toujours en moi un père tendre et affectueux. Rappelle-toi bien une chose, que d'ailleurs je te répèterai souvent : c'est que ton meilleur protecteur, c'est toi-même, ton travail et ta bonne conduite. Avec cela, viendrais-tu à me perdre et à perdre ta marraine, tu feras toujours ton chemin, et les protecteurs ne te manqueront pas. »

CHAPITRE X

L'ÉDUCATION. — LE DÉPART POUR L'ARMÉE.

Les paroles de mon tuteur ne furent pas perdues pour moi. J'apportai beaucoup plus de réserve dans mes relations avec mes camarades, et je me mis à travailler avec ardeur à acquérir les connaissances qui me manquaient. La honte que me causait mon ignorance vis-à-vis de mes condisciples était pour moi un puissant stimulant; bientôt s'y joignit l'émulation, puis l'ambition d'obtenir les épaulettes d'officier à la fin de mes études, comme tant d'autres jeunes gens y étaient parvenus presque au sortir du lycée, ainsi que je l'entendais raconter par mes condisciples.

A cette époque la carrière des armes était à peu près la seule ouverte pour la jeunesse, et jamais les circonstances ne furent plus propres à surexciter son

ardeur pour la gloire. L'Angleterre avait rompu la
paix d'Amiens, et la guerre qui venait d'être décla-
rée, loin de contrarier l'armée, ne lui montrait en
perspective que de nouvelles victoires, de l'avancement pour le plus grand nombre, de l'honneur et de
la gloire pour tous.

A ces motifs généraux d'incitation s'en joignirent
bientôt d'autres, faits pour m'aiguillonner moi-même
d'une manière toute particulière. Ma marraine n'était
plus veuve; elle venait, d'après les ordres de son
frère, d'épouser le prince Borghèse; ce frère lui-
même, déjà si puissant avec son titre de premier
consul, allait remplacer cette dignité trop républi-
caine par le titre d'empereur, et rétablir à son pro-
fit la monarchie renversée douze ans auparavant.
Ainsi ma protectrice allait se trouver élevée au
rang de princesse du sang impérial, et en quelque
sorte assise sur les degrés du premier trône du
monde. Daignerait-elle de cette hauteur jeter ses
regards sur l'enfant abandonné qu'elle avait autrefois
rencontré sur son chemin ? Pourquoi non, si cet
enfant ne se montrait pas indigne de cette faveur ?
Sa bonté ne m'était-elle pas connue, et les preuves
que j'en avais reçues n'étaient-elles pas un gage
rassurant pour l'avenir ?

On ne saurait croire à quel point ces idées, dans
lesquelles m'entretenait sans cesse le commandant
Verny, enflammaient mon imagination et augmen-
taient mon ardeur pour l'étude. J'étais habilement
secondé par notre répétiteur, homme fort instruit,

que M. Verny payait sur la rente de la princesse,
mais qui, tout en me donnant des soins tout parti-
culiers, était également chargé de veiller sur mes
camarades de manière à ne pas paraître m'accorder
une préférence qui les eût blessés.

Sous cette direction, et sous l'impulsion du mobile
qui m'animait, je fis des progrès rapides. Pendant les
trois ans et demi que je fréquentai le lycée de Dijon,
je doublai une classe chaque année, et cependant
j'obtins toujours des prix et des accessits. J'étais
devenu un des plus forts en mathématiques; la dernière année, j'enlevai tous les premiers prix de cette
classe, ce qui ne m'empêcha pas d'avoir le second
prix de version latine et trois ou quatre accessits en
rhétorique.

Mon tuteur était dans le ravissement. Il s'applau-
dissait de n'avoir pas écouté les conseils de quelques-
uns des officiers du régiment, qui l'avaient engagé à
demander pour moi une bourse dans un lycée, où
j'aurais fait mon éducation tout entière comme
élève interne. « Non, non, avait-il répondu; s'il entrait comme interne dans un lycée, je ne pourrais
plus veiller moi-même à son éducation, comme j'en
ai pris l'engagement. Cet enfant est destiné à être
militaire; il ne saurait donc de trop bonne heure
s'accoutumer à la vie de soldat. Je sais bien que les
lycées sont tenus un peu militairement; que tous les
mouvements des élèves sont réglés au son du tambour, qu'ils sont divisés par compagnies; qu'ils font
même l'exercice de temps en temps; mais tout cela

n'est qu'une plaisanterie, un jeu : au contraire, en restant dans la caserne, il aura au sérieux l'idée de la vie militaire; au lycée il n'en verrait que l'ombre, ici il en connaîtra la réalité. »

En effet, le commandant avait organisé d'une manière très-convenable le service des enfants de troupe. Nous couchions dans une chambrée ou dortoir, sous la surveillance d'un sous-officier et de deux caporaux. Nous nous levions le matin en même temps que les soldats, et nous nous rendions dans une salle d'étude, où nous restions jusqu'à l'heure du déjeuner. Un des caporaux nous conduisait ensuite au lycée, et venait nous reprendre à la sortie des classes. Pendant ce temps-là, ceux de nos camarades qui ne fréquentaient pas le lycée recevaient des leçons d'écriture, de lecture, de calcul et de dessin. Après la classe du matin, en rentrant au quartier, une heure était consacrée alternativement à une leçon d'escrime, ou à l'exercice du fusil. Puis venait le dîner, suivi d'une récréation d'une demi-heure dans la cour du quartier, toujours sous la surveillance de nos deux caporaux et de notre sous-officier, qui ne nous perdaient jamais de vue; ensuite une demi-heure d'étude; puis nous nous rendions à la classe du soir. La soirée, après la classe, se partageait en récréation, étude, répétition, leçons de dessin ou d'écriture. Dans cette dernière leçon, on apprenait à faire des tableaux de comptabilité pour les compagnies, et tous les travaux d'écriture qui sont de la compétence des fourriers et des sergents-majors. La nourriture était

10

la même que celle des soldats, et nous la prenions autant que possible aux mêmes heures. Les jours de congé, s'il faisait beau, on nous faisait faire quelque grande promenade dans l'après-midi ; la matinée restait entièrement consacrée à l'étude et aux exercices militaires. Ces exercices se prolongeaient quand le temps ne permettait pas la promenade au dehors ; mais alors ils prenaient un caractère plus varié et plus intéressant : c'étaient tantôt des jeux gymnastiques, tantôt des combats simulés d'avant-garde ou de tirailleurs.

Ainsi, presque en jouant, nous apprenions les principaux éléments de l'art militaire. Ajoutez à cela que l'habitude de voir journellement manœuvrer les soldats et les conscrits, d'entendre les commandements et les explications des chefs, aidait considérablement à nous familiariser avec la pratique et la théorie des exercices de l'infanterie, comme les gardes, les rondes, les corvées, qui se renouvelaient continuellement sous nos yeux, nous faisaient connaître, quoique nous y fussions étrangers, les détails les plus usuels du service militaire. Ainsi, sans nous en douter, presque sans le vouloir, nous apprenions une foule de choses indispensables à celui qui se destine à la carrière des armes, et cela sans que nos études classiques en souffrissent. Notre éducation était donc, comme on le voit, parfaitement appropriée à l'état auquel nous nous destinions ; et certes, ni dans un lycée, ni peut-être même à l'école spéciale militaire, nous n'en aurions reçu une aussi convenable sous bien des rapports.

Tel était à peu près le programme de nos occupations pendant les quatre années que je suis resté au
dépôt de Dijon. On voit que le temps avait été
calculé de manière à ne pas nous laisser un instant
d'oisiveté, et que toutes nos heures, même celles des
récréations, étaient consacrées à quelque exercice
littéraire, scientifique, artistique ou militaire. Une
seule chose avait été oubliée dans ce plan d'éducation:
c'était la religion. On ne nous conduisait jamais à
l'église que quand il y avait des *Te Deum* chantés
pour des victoires de l'empereur, ou bien pour sa
fête, le 15 août. Nous nous y rendions avec le bataillon en armes et en grande tenue; mais ces sortes de
cérémonies étaient plutôt des fêtes militaires que des
fêtes religieuses, et à peine nous apercevions-nous
de ce qui se passait dans l'église pendant le temps
que nous y restions.

Pour toute morale, on nous enseignait le code militaire, et les peines édictées pour les infractions à
cette loi draconienne; on nous montrait comme les
seules vertus indispensables : le dévouement à l'empereur, l'amour de la patrie, la fidélité au drapeau,
le respect pour les chefs, l'observation de la discipline, le courage dans le danger, le mépris de la
mort, et par-dessus tout l'honneur, qui était, nous
disait-on, la première vertu de l'homme de guerre,
vertu qui comprenait toutes les autres. Malheureusement on ne nous apprenait pas à distinguer le
véritable honneur du faux; on ne nous disait pas
que :

. . . . « Le seul honneur solide,
C'est de prendre toujours la vérité pour guide,
De regarder en tout la raison et la loi,
D'être doux pour tout autre, et rigoureux pour soi,
D'accomplir tout le bien que le Ciel nous inspire,
Et d'être juste enfin, ce seul mot veut tout dire... (1)

On ne nous citait pas non plus cette autre maxime du même poëte :

Que ce n'est qu'en Dieu seul qu'est l'honneur véritable.

On nous parlait donc souvent, presque toujours, de l'honneur, mais jamais on ne nous disait en quoi il consiste ; de sorte que chacun l'entendait à sa manière et selon les préjugés reçus ; or on sait ce que le préjugé prescrit en matière d'honneur ; c'est lui qui, selon le poëte que nous venons de citer,

Bâtit de vaines lois un code fantastique ;
Avant tout aux mortels prescrit de se venger,
L'un l'autre au moindre affront les force à s'égorger,
Et dans leur âme, en vain de remords combattue,
Trace en lettres de sang ces deux mots : *meurs* ou *tue*.

Presque chaque jour il y avait dans la garnison ce qu'on appelle des *affaires d'honneur*, soit de militaires à militaires, soit de militaires à bourgeois, et nous écoutions avidement le récit de ces affaires, qui souvent avaient lieu pour les causes les plus futiles, pour un mot irréfléchi, pour un rien, pour un coup de coude ou un regard de travers. On ne s'occupait

(1) Boileau, satire xi°.

guère du motif qui avait mis aux antagonistes les
armes à la main, ni de qui avait tort ou raison, mais
de quelle manière chacun d'eux s'était comporté pour
que *l'honneur fût satisfait*. Toutes ces histoires nous
étaient racontées ordinairement à la salle d'armes,
pendant la leçon d'escrime ; elles étaient comme le
commentaire obligé de cette leçon ; elles enflammaient
notre imagination, et nous faisaient désirer de voir
arriver l'époque où nous pourrions mettre en pratique cet art d'acquérir ou de conserver son honneur
à la pointe d'une épée.

Ces occupations de notre vie d'écoliers-soldats ne
nous empêchaient pas de suivre avec un vif intérêt
les grands événements qui s'accomplissaient alors.
La proclamation de l'Empire, la création de ses
grands dignitaires, de ses maréchaux, sortis pour la
plupart des rangs les plus obscurs de l'armée, et
dont la promotion semblait nous dire : Voilà où chacun de vous peut arriver ; le sacre de l'empereur par
le Souverain Pontife ; son couronnement comme roi
d'Italie ; puis cette brillante campagne d'Ulm et
d'Austerlitz, ces grandes victoires de la *grande armée*, dont on nous lisait les bulletins, qui nous cau-
saient des transports indicibles d'enthousiasme ; puis
cette campagne d'Iéna, plus merveilleuse encore, où
en trois semaines fut conquise la monarchie du grand
Frédéric ; enfin, les victoires de Pultusk, d'Eylau,
de Friedland, couronnées par la glorieuse paix de
Tilsitt : voilà les événements qui pendant ces quatre
années avaient changé la face de l'Europe, et élevé

Napoléon à l'apogée de sa puissance et de sa gloire, et qui faisaient le sujet de nos entretiens, de nos rêves et de nos espérances.

On comprendra facilement qu'avec notre éducation, avec nos idées, nous tous, et moi peut-être plus que les autres, nous brûlions du désir de faire partie de ces immortelles phalanges qui foulaient d'un pas victorieux le sol des nations étrangères, et promenaient leurs aigles triomphantes dans toutes les capitales de l'Europe. Chaque fois qu'il partait du dépôt un détachement de conscrits suffisamment exercés pour aller rejoindre les bataillons de guerre, nous enviions leur sort, et surtout celui de nos camarades qui étaient désignés pour partir avec eux, soit comme sous-officiers, soit comme caporaux, soit même comme simples soldats; car les enfants de troupe ne vieillissaient pas dans les dépôts, et dès qu'ils avaient la force de manier un fusil, de porter un tambour ou de sonner du clairon, ils étaient facilement reçus dans l'armée active.

C'est ainsi que j'avais vu partir tous mes camarades plus âgés que moi, et entre autres le jeune Renault, dont j'ai parlé, et qui était devenu mon ami intime. Il s'était préparé, comme je l'ai dit, à entrer à l'École militaire; il était assez instruit pour y être reçu; mais après la campagne d'Austerlitz il voulut absolument s'engager, aimant mieux, disait-il, gagner ses épaulettes sur le champ de bataille que sur les bancs d'une école.

Oh! que je l'aurais suivi de bon cœur, si j'en eusse

été le maître ! Mais mon tuteur s'y opposa formelle-
ment, me promettant, pour me consoler, qu'aussitôt
que j'aurais atteint l'âge et acquis les connaissances
nécessaires, loin de me retenir, il serait le premier à
m'engager à imiter mon camarade Renault ; car il
n'était pas plus porté à m'envoyer à l'École militaire
qu'il ne l'avait été à me faire entrer comme interne
dans un lycée. « La meilleure école militaire, disait-
il, c'est le régiment ; et quand on y a passé son enfance, je ne vois pas la nécessité d'aller perdre deux
ans dans une autre école. »

Je ne prétends pas que cette opinion du commandant Verny fût parfaitement fondée ; cependant,
à cette époque, elle ne manquait pas d'une certaine valeur. Il se faisait une telle consommation
d'hommes, les rangs de l'armée étaient si promptement éclaircis, qu'un sous-officier instruit, ayant
donné des preuves de capacité et de courage, avait
tout autant de chances d'avancement qu'un élève
sortant de Saint-Cyr ; de plus, ce qui est un point
d'une haute importance, il était mieux vu des
soldats.

C'est ainsi que mon camarade Renault, parti du
régiment au mois de janvier 1806 avec le grade de
fourrier, fut nommé sergent-major le 15 octobre de
la même année, le lendemain de la bataille d'Iéna. À
Pultusk, le 26 décembre suivant, il se distingua
d'une manière si remarquable, qu'il reçut la décoration de la Légion d'honneur de la main même de
Napoléon ; enfin, le 16 juin 1807, deux jours après

la bataille de Friedland, où il s'était également si-
gnalé, il fut nommé sous-lieutenant. Il avait à peine
dix-huit ans alors, et il n'y avait guère que dix-huit
mois qu'il avait quitté le dépôt. Certes il eût été loin
d'obtenir les mêmes avantages s'il était entré à Saint-
Cyr.

Cet avancement rapide, dont je suivais avidement
toutes les phases, grâce à la correspondance que
j'entretenais avec Renault, me causait une sorte
d'éblouissement et de vertige. Quand je lus sa dernière
lettre au commandant, celui-ci remarqua en moi une
exaltation extraordinaire, et me dit pour me calmer :
« Encore quelques mois de patience, mon cher Paul,
et ton tour arrivera. J'aurais désiré te garder ici
encore un an pour compléter ton instruction; car tu
as tout au plus quinze ans, et tu as besoin de te per-
fectionner encore dans bien des choses...

— Tout le monde, répondis-je en interrompant le
commandant, me donne seize ans, et peut-être les
ai-je effectivement, car on ne sait pas au juste la date
de ma naissance. Dans tous les cas, je suis assez
fort pour porter mon sac et mon fusil, et je ne crains
pas la fatigue.

— Que tu parles bien là comme un enfant, comme
un véritable étourdi ! Et moi je te dis que tu aurais
encore besoin d'acquérir des forces, pour supporter
des fatigues dont tu ne te fais pas une idée. Tu es
grand, il est vrai, plus grand qu'on ne l'est à ton
âge ; mais ton tempérament est loin d'être formé,
et je crains qu'il ne puisse s'accoutumer facilement

aux marches forcées et aux privations de toute nature auxquelles on est exposé dans notre rude métier. » C'était là le véritable motif qui aurait fait
désirer au commandant Verny de me conserver encore quelque temps au dépôt. Mon instruction était
suffisante, et dans l'impatience fiévreuse qui m'agi-
tait, j'aurais été incapable de me livrer davantage
à l'étude. C'est ce qu'il comprenait parfaitement;
mais sa sollicitude toute paternelle redoutait de me
voir entrer dans la carrière avant que mes forces
physiques me permissent de la parcourir. « Enfin,
reprit-il après un instant de silence, j'attends d'ici
à quelque temps le colonel du régiment; il t'exami-
nera, et s'il te juge capable de prendre du service,
c'est lui qui en décidera. »

Effectivement, après la paix de Tilsitt (7 juillet
1807), une partie de la grande armée rentra en
France, et notre régiment fut de ce nombre. Dans
les premiers jours d'août arriva le premier bataillon
avec l'état-major. Renault, à mon grand regret, appartenait au second bataillon, qui était resté à Bel-
fort; mais j'eus le plaisir de revoir et d'embrasser
une ancienne connaissance: c'était mon ami Zozo, le
compagnon de ma première enfance. Il était cymba-
lier dans la musique du régiment, et il espérait
bientôt devenir grosse-caisse. C'était le *nec plus ultrà*
de son ambition. On ne saurait rendre la joie naïve
qu'éprouva ce bon noir en me revoyant; il ne pouvait
se lasser de me regarder, de me prendre les mains,
de s'extasier sur ma taille, sur ma bonne mine, et de

me répéter:« Oh! j'ai bien prié bon Dieu pour vous.»
Le pauvre enfant avait mieux conservé que moi le
souvenir des instructions de l'abbé Lecun pendant
son séjour à l'hôpital de Brest. Il n'avait appris ni à
lire, ni à écrire, ni le latin, ni les mathématiques;
mais il avait appris à connaître et à aimer Dieu, à le
prier avec foi et avec ferveur, et cette science suffisait
pour remplir son cœur et le rendre heureux.

La vue de mon frère de lait me reporta au souvenir
de mes premières années passées sur les bords de
l'Artibonite, à nos jeux, à nos plaisirs si simples et
si purs, que ni les soucis, ni l'ambition, ni les pas-
sions ne venaient troubler; puis je pensai à ma
bonne nourrice, à cette prière qu'elle m'avait ensei-
gnée, que je n'avais jamais oubliée, mais que je ne
récitais plus avec cette exactitude et surtout avec
cette ferveur que j'y apportais autrefois. Je pensais
à l'abbé Lecun, à ce qu'il m'avait dit pour m'engager à m'instruire dans la religion ; mais je me
répondais aussitôt : Je n'en ai pas eu le temps : et
d'ailleurs, à quoi bon? Et d'autres idées venaient
bientôt effacer ce mouvement involontaire d'une conscience qui ne se sentait pas à l'abri de tout reproche.

Quelques jours après son arrivée, le colonel, pré-
venu sans doute par notre commandant, nous passa
en revue, et nous fit subir un examen sévère et dé-
taillé sur tout ce que nous avions appris. Il parut
content de moi, et me déclara que si je voulais m'engager, je pourrais passer sous-officier dans trois à
quatre mois; mais qu'auparavant je servirais comme

simple soldat; qu'au bout d'un mois, si je me com-
portais bien, je serais reçu caporal, et enfin fourrier.
Cet arrangement ne me convenait qu'à demi; car
j'aurais voulu, comme Renault, être immédiatement
nommé fourrier; mais il n'y avait rien à objecter à
la décision du colonel, et je signai mon engagement.
D'ailleurs le commandant Verny me fit comprendre
que Renault s'était engagé dans d'autres conditions
que moi. Il était parti avec un détachement de conscrits pour faire campagne immédiatement; il n'y
avait dans ce détachement aucun homme capable de
remplir les fonctions de fourrier: c'est pourquoi il
avait été choisi. Mais moi, je m'engageais dans un
bataillon qui venait de faire campagne; plusieurs
caporaux de ce bataillon avaient des droits aux galons de sous-officiers, et ils auraient vu de mauvais
œil un nouveau venu, presque un enfant, leur être
préféré.

Ces raisons étaient plausibles, et je n'avais rien à
y répondre; aussi me contentai-je de dire : « Allons,
je n'ai pas de chance; et encore voilà la paix qui
vient d'être signée!

— Quant à ce dernier point, mon garçon, que cela
ne t'inquiète pas. La paix vient d'être signée avec la
Russie et la Prusse; mais elle ne l'est pas avec l'Angleterre, et, sans être prophète, je puis te prédire
qu'avant six mois peut-être nous rentrerons en campagne. Je dis nous; car tu sauras, mon garçon, que
cette fois je ne resterai pas au dépôt, et que je com-
manderai un bataillon de guerre.

— Ah ! tant mieux, mon commandant ; et j'espère
que j'en ferai partie ?

— Nous tâcherons, mon enfant. »

La prédiction du commandant s'accomplit beaucoup plus tôt qu'il ne l'avait pensé ; car, dès le mois
d'octobre, le régiment reçut l'ordre de partir pour
l'Italie. J'étais caporal depuis six semaines, et ce ne
fut que quelques jours avant le départ que je fus
nommé fourrier.

Enfin me voilà au comble de mes vœux : je compte
sérieusement dans les rangs de l'armée ; j'ai pour
commandant un véritable père ; je reverrai bientôt
mon ami Renault ; j'ai de bons camarades dans ma
compagnie ; mon capitaine, sur la recommandation
du commandant, me porte de l'intérêt. Je pars gaie-
ment avant le jour, avec l'avant-garde, pour aller préparer les logements ; mon fusil, mon sac me semblent
légers, et je crois porter dans ma giberne le bâton de
maréchal de France.

CHAPITRE XI

L'ENFANT DE TROUPE DEVIENT SOLDAT, OFFICIER, INVALIDE.

Ici s'arrètent, à proprement parler, mes souvenirs comme enfant de troupe. Si je voulais continuer, il faudrait changer de titre, et appeler ce qui suivrait : *Mémoires* ou *Souvenirs d'un soldat de l'Empire ;* mais ce cadre serait bien autrement étendu que celui des souvenirs de mon enfance, et je n'ai ni l'espace ni le temps nécessaires pour le remplir. Cependant je dois, pour compléter l'époque de ma vie que je publie aujourd'hui, parler de plusieurs faits qui, quoique postérieurs à cette époque, ont avec elle des rapports obligés, et en forment en quelque sorte la conclusion. Quant aux autres événements auxquels j'ai été appelé à prendre part, je n'en parlerai que d'une manière très-succincte, et seulement lorsqu'ils auront avec ces faits une relation plus ou moins directe.

Nous arrivâmes vers la fin de novembre à Turin, où nous devions tenir garnison provisoirement. Nous y fûmes rejoints par notre second bataillon, et j'eus enfin le bonheur d'embrasser mon cher Renault, que ses épaulettes et la croix d'honneur ne rendaient pas plus fier.

Au printemps, nous fûmes envoyés à Florence, où nous restâmes huit mois. J'employai ce séjour à apprendre l'italien, qui ne se parle nulle part plus purement qu'en Toscane. La connaissance que j'avais du latin me facilita beaucoup l'étude de l'italien, et au bout de peu de temps non-seulement je le parlais très-bien, mais je lisais les meilleurs ouvrages écrits dans cette langue, soit en vers, soit en prose, et j'étais en état d'en comprendre les beautés.

De Florence, nous fûmes envoyés à Naples pour y installer Murat, qui venait d'être désigné comme roi en remplacement de Joseph Bonaparte, appelé au trône d'Espagne.

En passant à Rome, le commandant apprit que la princesse Pauline Borghèse, ma marraine, se trouvait dans cette ville. Il crut devoir profiter de cette circonstance pour nous rappeler, lui et moi, à son souvenir. Il lui écrivit une lettre, et en reçut presque aussitôt la réponse suivante, écrite par le secrétaire de ses commandements : « S. A. I. Mme la princesse « Borghèse recevra ce soir, à cinq heures précises, « M. le commandant Verny et le jeune Paul de Saint- « Mare. »

Il est inutile de dire si nous fûmes exacts. La prin-

cesse n'habitait plus un petit hôtel comme celui de
la rue de la Victoire à Paris, mais un magnifique
palais, bien connu du reste sous le nom de *villa
Borghese.* Sa porte n'était pas gardée par un simple
concierge et quelques valets de pied dans l'anti-
chambre; mais des sentinelles veillaient à l'entrée; des
suisses, une armée de laquais en livrée, des huissiers
encombraient les escaliers et les galeries qu'il fallait
traverser pour arriver au salon où se tenait la princesse. Malgré tout ce faste, elle nous reçut avec plus
de simplicité et de bonté qu'elle ne l'avait jamais
fait. « Je suis bien aise de vous voir ensemble, nous
dit-elle dès que nous fûmes entrés; cela me prouve
d'un côté, commandant, que vous n'avez pas abandonné votre pupille, et d'un autre, que Paul a profité
de vos leçons, puisqu'il a déjà les galons de fourrier. » Je rougis en entendant ces derniers mots ;
j'étais honteux de me présenter devant elle avec un
grade aussi modeste, et je ne voyais pas qu'il y eût
de quoi m'en faire compliment.

Elle questionna ensuite le commandant sur la manière dont j'avais passé mon temps au dépôt, sur
l'instruction que j'avais reçue, sur mes progrès, etc.
Elle parut satisfaite des réponses de M. Verny ; puis,
se tournant vers moi, elle me dit : « Allons, mon filleul, puisque vous avez bien répondu jusqu'ici aux
bonnes intentions de votre marraine, je veux vous en
récompenser en vous procurant une protectrice plus
puissante qu'elle ; car aujourd'hui, ajouta-t-elle en
s'adressant au commandant, ma protection a bien

perdu de sa valeur ; je suis un peu brouillée avec
l'empereur et avec mon mari ; mais vous allez à
Naples, et j'ai là ma sœur Caroline, qui m'aime tendrement. Je vous promets de vous recommander à
elle d'une manière toute particulière, et vous verrez
que si mon crédit a baissé à la cour impériale, il est
encore assez puissant auprès de celle de Naples. »

Nous quittâmes la *villa Borghese* fort contents de
l'affabilité de la princesse, mais peu satisfaits d'apprendre de sa bouche qu'elle était brouillée avec son
frère. Sa promesse de nous procurer la protection de
la reine de Naples ne nous paraissait que bien peu
de chose, comparé à la protection de l'empereur,
qu'elle eût pu nous faire obtenir auparavant. Elle
ne nous devait rien, et ce qu'elle venait de faire était
certainement très-gracieux de sa part ; cependant
nous étions loin d'éprouver le même enthousiasme
que le jour où nous sortions de l'hôtel de la rue
de la Victoire. Hélas ! le cœur humain est ainsi fait :
sa reconnaissance envers ses protecteurs tombe souvent au niveau de leur crédit.

« Mon garçon, rappelle-toi, me dit le commandant
en revenant de notre visite, que, comme je te l'ai
déjà dit bien des fois, ton meilleur protecteur, c'est
toi-même.

— En attendant, repris-je avec vivacité, je suis
fourrier depuis plus d'un an ; il me semble que j'aurais bien droit à passer sergent-major : je ne crois
pas que ma conduite m'ait empêché d'obtenir cet
avancement.

— Et de quoi te plains-tu? Il y a cinq ans que je suis chef de bataillon, et j'aurais bien aussi droit à un grade plus élevé; mais que veux-tu? les circonstances sont contre nous. Nous ne faisons pas une campagne; nous ne faisons qu'une promenade militaire, et c'est seulement dans une campagne qu'on peut espérer un avancement rapide.

— Allons, c'est encore le cas de dire : Nous n'avons pas de chance! ajoutai-je avec un soupir. Et encore, si ma marraine ne s'était pas brouillée avec l'empereur, il nous resterait quelque espérance; car je ne vois pas trop ce que pourra faire pour nous la reine de Naples.

— Ni moi non plus, reprit le commandant; mais à quoi bon nous tourmenter l'esprit? Si la chance est contraire aujourd'hui, demain elle peut tourner : c'est ce qui arrive tous les jours dans notre métier. » Et après m'avoir jeté cette réflexion philosophique comme une fiche de consolation, il me quitta pour regagner son logement, et je rentrai au quartier.

Nous arrivâmes à Naples au mois de janvier. Quelques jours après, nous fûmes passés en revue par Murat, qui n'occupait ce trône que depuis peu de mois, sous le nom de Joachim-Napoléon. Je fus frappé de sa bonne mine et surtout de son brillant costume, qui formait un contraste si frappant avec la tenue simple et sévère de son beau-frère. On sait que ce goût de Murat pour la parure, et sa manie de se montrer en public avec l'appareil d'un roi de théâtre, lui avaient valu dans l'armée française le surnom de *Franconi*. Mais ce

faste et cette pompe théâtrale plaisaient fort aux
Napolitains, qui furent charmés par son air martial,
et par les fêtes brillantes qui signalèrent son arrivée
dans leur ville. Du reste, il se montrait plein de
bonté et de modération pour ses nouveaux sujets, et
son nom était prononcé par toutes les bouches avec
cet enthousiasme qu'on prendrait pour de l'amour,
si l'on ne connaissait la mobilité de ce peuple.

Un des premiers soins de Murat en montant sur
le trône fut de réorganiser l'armée napolitaine, qui
ne se composait à son arrivée que de quinze à seize
mille bandits mal vêtus, plus mal commandés, sans
aucune discipline. Les troupes françaises qu'il avait
à sa disposition devaient servir de modèle à sa nouvelle armée, et l'empereur l'avait même autorisé à
prendre un certain nombre d'officiers et de sous-
officiers dans nos rangs pour instruire ses nouveaux
soldats.

Le surlendemain de la revue dont j'ai parlé tout à
l'heure, le commandant Verny me fit appeler chez
lui. « Eh bien, me dit-il en m'apercevant, il y a du
nouveau, mon garçon. Ta marraine ne nous a pas
oubliés, et ma foi, sa recommandation a produit plus
d'effet que nous ne nous en doutions. » Alors il me
raconta que la veille le ministre de la guerre l'avait
fait appeler chez lui, et lui avait dit que le roi, sur la
recommandation de sa belle-sœur, la princesse Pauline, lui offrait d'entrer dans l'armée napolitaine avec
le grade de colonel, et d'y admettre le jeune sous-
officier Paul de Saint-Marc en qualité de sous-lieute-

nant. « J'ai répondu, continua le commandant, que j'acceptais, avec reconnaissance l'offre de Sa Majesté pourvu que cela ne me fît pas perdre mon rang et mes droits dans l'armée française.

— Et comment cela vous les ferait-il perdre? m'a répondu le ministre; servir dans l'armée napolitaine, n'est-ce pas servir dans l'armée française? Vous ne connaissez pas apparemment ce décret récent de l'empereur, qui doit lever tous vos scrupules. » Et il me mit sous les yeux un décret ainsi conçu : « Considérant « que le royaume de Naples fait partie du grand em-« pire, que le prince qui règne dans ce pays est sorti « des rangs de l'armée française, qu'il a été élevé sur « le trône par les efforts et le sang des Français, Na-« poléon déclare que les citoyens français sont de « droit citoyens du royaume des Deux-Siciles. »

Je me décide, répondis-je après avoir lu, et je ne demande que le temps de prévenir mon colonel et le général français, afin de faire régulariser ma position, et celle du jeune Paul de Saint-Marc, dont je vous garantis d'avance l'adhésion.

— Et vous avez bien fait, m'écriai-je en embrassant mon commandant. Enfin me voilà officier! Vive ma marraine!

— Bonne et généreuse femme, reprit le commandant d'un air pénétré, c'est toujours au moment où je mets en doute sa bonté et les effets de sa protection que j'en reçois les preuves les plus éclatantes. Nous lui écrirons, mon garçon, et dès demain, pour la remercier.

— Oui, mon colonel, répondis-je, car je veux être le premier à vous donner ce nom.

— Tu le peux maintenant que tout est arrangé. Je suis nommé colonel du 4me régiment de ligne ; tu es nommé sous-lieutenant dans le même corps, et de plus j'ai obtenu d'avoir ton frère de lait Zozo pour grosse-caisse dans ma musique. »

Je n'ai pas besoin de dire avec quelle effusion je remerciai mon cher tuteur.

Deux jours après, je me promenais dans les rues de Naples avec mon nouvel uniforme, tout fier, en passant devant les sentinelles, de me voir porter les armes.

L'étude que j'avais faite de la langue italienne, et l'habitude de la parler, me firent désigner comme officier instructeur ; je m'acquittai de ces fonctions de manière à faire bientôt remarquer le bataillon auquel j'étais attaché comme un des mieux instruits de l'armée. Dès la première inspection, en octobre 1809, je fus nommé lieutenant.

En 1810, notre régiment, parfaitement organisé, fut désigné pour faire partie d'une expédition dans les Abruzzes, où les émissaires des Bourbons de Sicile avaient excité de graves soulèvements. Cette campagne à travers les montagnes et les forêts, cette guerre d'embuscades et de partisans, rappelaient au colonel Verny l'expédition de Saint-Domingue. « J'aimerais mieux, me disait-il souvent, me trouver en ligne et avoir devant moi un ennemi trois fois plus nombreux, que d'être obligé de fouiller chaque buisson, chaque pli de terrain, chaque anfractuosité de rocher, et de ne pouvoir, malgré toutes ces précautions, avancer sans recevoir des coups de fusil tirés par un ennemi invisible et insaisissable. »

Tant de difficultés ne nous rebutèrent point, et après trois mois de fatigues inouïes, après avoir perdu bon nombre des nôtres par le feu, par les maladies et par la désertion (car beaucoup de nos soldats allaient rejoindre les insurgés), nous étions parvenus à purger le pays de ces brigands. Nous venions de recevoir l'ordre de retourner à Naples. Déjà notre mouvement était commencé; je venais de traverser un défilé avec l'avant-garde sans avoir rien aperçu de suspect, lorsque nous entendîmes derrière nous une décharge simultanée d'une dizaine de coups de fusil, suivie bientôt de coups isolés. J'ordonnai aussitôt de faire halte, et j'envoyai un sergent avec quelques hommes savoir la cause de cette fusillade. Il ne tarda pas à revenir, et m'apprit que douze à quinze hommes embusqués dans les rochers avaient fait feu sur la tête de la colonne au moment où elle s'était engagée dans le défilé; les voltigeurs s'étaient mis aussitôt à leur poursuite, en avaient tué cinq ou six et avaient pris le reste; « mais, ajouta-t-il, ce qu'il y a de plus malheureux, c'est que le colonel est dangereusement blessé.

— Comment! m'écriai-je en pâlissant, le colonel est blessé!

— Hélas! oui, reprit le sergent, et c'est une grande perte, car nous l'aimions tous. Aussi les voltigeurs l'ont-ils bien vengé! »

Je n'écoutais plus ; j'étais dans une anxiété terrible ; je ne pouvais quitter mon poste, et j'aurais voulu voler auprès de mon tuteur. Enfin, après quelques minutes d'angoisses, je vis paraître la tête de la colonne, et bientôt un officier s'en détacha et vint me relever, en me disant que le colonel désirait me parler.

En deux bonds je fus auprès de lui. Il était étendu sur un brancard ; son visage pâle et ses traits contractés indiquaient une horrible souffrance. Quand il m'aperçut, il s'efforça de sourire, et me dit d'une voix déjà faible : « Mon cher Paul, je sens que je n'ai que peu de temps à vivre, malgré l'assurance que me donne le chirurgien que ma blessure n'est pas mortelle. Dans une heure au plus nous serons à Pescina. Monte sur mon cheval, rends-toi promptement dans cette ville ; fais-moi préparer une chambre, et avertis un prêtre de venir me trouver aussitôt que je serai arrivé. » Ce dernier ordre parut me causer quelque surprise ; il s'en aperçut, et reprit : « Hâte-toi, mon ami, fais tout ce que je te dis ; surtout n'oublie pas d'avertir un prêtre. »

J'obéis, et en moins d'un quart d'heure j'étais à Pescina. Je fis exactement ce que m'avait recommandé le colonel ; quand il arriva, il trouva une chambre et un lit prêts ; à côté du lit un prêtre se tenait debout. « C'est bien, dit le colonel ; je te remercie, mon garçon. Maintenant, Messieurs, dit-il en s'adressant aux officiers qui l'avaient accompagné, retirez-vous ; j'ai besoin d'être seul avec cet ecclésiastique. »

Nous nous éloignâmes aussitôt, et au bout d'une demi-heure le prêtre sortit, en nous disant que le blessé n'avait plus que quelques instants à vivre, mais que sa mort allait lui ouvrir les portes du ciel.

Rentré dans la chambre, je saisis avec empressement une des mains du malade, et je la pressai sur mon cœur. « Mon cher Paul, me dit-il, nous allons nous quitter... Je t'ai aimé comme le père le plus tendre peut aimer un fils... Je n'ai qu'un regret, c'est de n'avoir pas suivi les conseils du Père Lecun, et d'avoir négligé complétement ton éducation religieuse... Oui, il avait raison ; il ne suffit pas d'être honnête homme et bon soldat, il faut encore être bon chrétien ; car alors on est et plus honnête homme et meilleur soldat... et surtout, on meurt en paix... » A ces mots il expira.

Ce fut là le premier chagrin profond de ma vie. J'en ai ressenti d'autres bien cruels et qui me touchaient plus personnellement ; mais aucun n'a pu effacer la douloureuse impression que me fit la mort du colonel Verny. Les autres officiers étaient vivement touchés et édifiés de cette fin toute chrétienne ; car le sentiment religieux n'était pas éteint à cette époque chez les Napolitains comme chez les Français. Pour moi, j'avoue que j'éprouvai plutôt un sentiment d'étonnement que d'édification ; je ne comprenais pas que le colonel Verny, que je n'avais, il est vrai, jamais entendu mal parler de la religion, mais qui professait sur cette matière l'indifférence la plus complète et même le scepticisme le plus absolu, eût changé tout à coup à ce point dans ses derniers moments. Plus tard je l'ai compris, quand j'ai appris à connaître ce que c'est que la grâce et ses merveilleux et salutaires effets.

Nous rentrâmes tristement à Naples, en ramenant avec nous le corps de notre pauvre colonel. Le roi voulut qu'on lui rendît de magnifiques honneurs funèbres. Tous les officiers supérieurs de la garnison assistèrent à ses obsèques, et Murat y envoya un de ses aides de camp dans une voiture de la cour. Je fus chargé, comme fils adoptif du défunt, de représenter le deuil de la famille. Je m'acquittai de ce triste devoir la mort dans l'âme, et je doute que mon affliction eût été plus profonde s'il eût été mon véritable père.

Le nouveau colonel nommé pour remplacer M. Verny était Napolitain. Quoiqu'il fût loin de me porter l'affection de son prédécesseur, je n'eus pas trop à m'en plaindre, grâce à la haute influence qui me protégeait. Car, ainsi que je l'ai su plus tard, plusieurs fois la princesse Pauline avait écrit en ma faveur à sa sœur; or c'était en réalité Caroline qui régnait à Naples, et elle tenait sous une dépendance absolue son mari, dont le caractère était très-faible, malgré d'éminentes qualités. Ainsi elle s'adressait directement au ministre de la guerre; elle lui demandait des détails sur la conduite de ceux qu'elle lui avait recommandés; et selon les informations qui lui parvenaient, elle décidait elle-même de leur avancement.

Ces informations ne durent pas m'être défavo-

rables ; car, au mois d'avril 1811, je fus nommé capitaine, et j'avais à peine dix-neuf ans! Eh bien, le
croirait-on? cet avancement rapide, qui faisait na-
guère l'objet de tous mes vœux, n'excita point en moi
l'enthousiasme que j'avais éprouvé en recevant les
épaulettes de sous-lieutenant. J'étais satisfait sans
doute de mon nouveau grade; mais au fond du cœur
j'étais mécontent de le devoir à la protection d'une
femme. J'aurais voulu l'avoir gagné sur le champ de
bataille. Parfois je regrettais de ne pas faire partie
des régiments qui faisaient la guerre en Espagne, ou
de ne pas avoir assisté à cette belle campagne d'Autriche, terminée par le traité qui donna une archi-
duchesse pour épouse au soldat couronné. Voilà,
me disais-je, où j'aurais pu dignement gagner mes
épaulettes, au lieu de végéter ici sous ce ciel éner-
vant de Naples, et de m'amollir, comme les soldats
d'Annibal, dans les délices de Capoue.

Bientôt mes vœux furent exaucés. Napoléon venait
de déclarer la guerre à la Russie, et toutes les forces
du grand empire allaient être appelées à prendre part
à cette gigantesque expédition. Murat fournissait
trente mille hommes pour son contingent, et il était
appelé au commandement général de toute la cavalerie de l'armée impériale.

Enfin voilà la grande guerre, plus grande même
que je ne l'avais rêvée. Enfin j'allais me trouver à
quelques-unes de ces batailles destinées à faire époque
dans l'histoire; j'allais combattre sous les yeux de
tant d'illustres guerriers qui remplissaient le monde

de leur renommée, les Murat, les Ney, les Davout, le prince Eugène, et tant d'autres, et sous les yeux du plus grand, du plus illustre de tous, sous les yeux de Napoléon ! Là je me ferais remarquer à mon tour, là je pourrais obtenir des décorations et de l'avancement dont je serais fier et que je pourrais hautement avouer ! Avant un an je me voyais chef de bataillon ; j'étais colonel à la fin de la campagne, et plus tard... ma foi, plus tard je ne sais pas jusqu'où allait mon imagination. Le fait est qu'à cette époque-là, à vingt ans, avec les épaulettes de capitaine, de pareils rêves n'avaient rien d'extravagant.

Ce fut donc le cœur plein de joie et d'espérances qu'au mois d'avril 1812 je quittai Naples avec mon régiment, pour m'acheminer vers la Russie. Ces espérances semblèrent un instant devoir se réaliser. A la grande bataille de la Moskowa, mon régiment enleva une redoute russe, dans laquelle j'étais entré le premier, à la tête de ma compagnie. Le prince Eugène, témoin de ce fait d'armes, en rendit compte à l'empereur, et à la revue du lendemain je fus décoré de la main même de Napoléon.

Il y avait de quoi faire tourner une tête moins ambitieuse et moins ardente que la mienne. Aussi étais-je dans un enivrement qui tenait presque de la folie, et je fus obligé de faire appel à toute ma raison pour ne pas me livrer à des transports capables de compromettre ma dignité aux yeux de mes camarades et des soldats. Mais les événements ne tardèrent pas à calmer ma fougue.

Ce n'est pas ici le lieu de raconter les détails de la désastreuse retraite de Russie. Nos pauvres Napolitains, accoutumés au doux climat de leur pays, périrent presque tous; je ne sais comment, moi qui suis né sous un climat encore plus chaud, j'ai eu la force de résister. Mais mon pauvre Zozo fut une des premières victimes de cette température de glace. Un matin, je le trouvai mort de froid à quelques pas du bivouac où j'avais passé la nuit. Il s'était traîné jusque-là, dans l'espoir sans doute de me dire un dernier adieu avant de mourir.

Napoléon, en quittant l'armée, en avait laissé le commandement en chef à Murat. Ce dernier avait établi son quartier général à Posen. Nous arrivâmes dans cette ville au mois de janvier 1813, au nombre de soixante-dix à quatre-vingts officiers de tous grades, ayant appartenu à l'armée napolitaine. Murat nous passa en revue, et nous donna l'ordre de retourner à Naples, afin, nous dit-il, de travailler à la réorganisation de l'armée. Nous obéîmes, et lui-même bientôt regagna son royaume, après avoir remis le commandement des débris de l'armée impériale au prince Eugène.

Je rentrai à Naples dans une situation d'esprit bien différente de celle où j'étais quand je l'avais quitté un an auparavant. Quelle épouvantable catastrophe avait succédé aux plus éclatants succès! Cependant je ne désespérais pas encore, et l'astre de Napoléon, qui avait pâli un instant, pouvait reprendre son ancien éclat. Les premiers événements de la campagne de 1813, les journées de Lutzen, de Bautzen, de Dresde, ranimèrent mes espérances, et me faisaient travailler avec ardeur à l'instruction de nos jeunes conscrits, dans l'espoir d'aller bientôt rejoindre l'armée impériale et de partager de nouveau ses triomphes. Murat avait fait aussi cette campagne; mais il était seul, et nous attendions avec impatience qu'il nous envoyât l'ordre d'aller le rejoindre.

Un jour, c'était à la fin d'octobre, Murat arriva à Naples triste, sombre, abattu. Il avait quitté Napoléon après la défaite de Leipsick, en disant à son beau-frère qu'il allait lever des troupes dans son royaume pour venir à son secours; mais en réalité il ne songeait qu'aux moyens, quels qu'ils fussent, de prolonger sa royauté. Bientôt, en effet, les 6 et 11 janvier 1814, il signa deux traités avec l'Angleterre et l'Autriche, par lesquels il s'engageait à joindre trente mille hommes de ses troupes aux armées alliées. On lui garantissait, pour prix de sa trahison envers son ancienne patrie et son bienfaiteur, la possession du royaume de Naples et la cession de quelques provinces des États de l'Église.

J'ignorais ce honteux traité, lorsqu'au mois de février nous reçûmes l'ordre de nous mettre en marche. Je croyais que nous allions rejoindre l'armée du vice-roi, qui occupait la haute Italie. Je ne fus détrompé qu'en arrivant à Plaisance, où se trouvaient les avant-postes du prince Eugène, et qui se retirèrent à notre approche. L'horrible et honteuse vérité me fut alors révélée. Dans le premier transport

de mon indignation, je crois que si j'avais rencontré
Murat, je lui aurais brûlé la cervelle ; mais je n'hé-
sitai pas un instant. J'allai trouver mon colonel, et
lui remettant mon épée, je lui dis : « Je ne suis entré
dans l'armée napolitaine qu'à la condition de rester
toujours Français. Aujourd'hui que le roi de Naples
déclare la guerre à la France, je suis délié de mes
engagements envers lui, et je vous apporte mon épée,
que je ne tirerai jamais contre ma patrie. En recevant
ma démission, veuillez me donner un sauf-conduit
pour que je puisse me rendre en France, car je ne
veux pas quitter votre armée comme un déserteur.

— Monsieur, me répondit le colonel, j'approuve
votre conduite, et à votre place j'en ferais autant
que vous. Seulement je regrette de ne pouvoir vous
donner le sauf-conduit que vous sollicitez ; il faut
que j'en réfère au général de brigade. Attendez sa
réponse. »

Le général de brigade en référa au général de division, et celui-ci au roi, qui non-seulement m'accorda
un sauf-conduit, mais fit mettre à l'ordre du jour
que les officiers français qui se trouvaient dans l'armée napolitaine étaient libres de rentrer en France,
pourvu qu'ils donnassent leur parole d'honneur de ne
pas servir contre l'armée napolitaine.

La plupart profitèrent de la permission. Pour moi,
sans attendre ceux de mes compatriotes qui se trouvaient dans le même cas que moi, je me hâtai de
rejoindre l'armée française dès que j'eus reçu mon
sauf-conduit. Je demandai une audience au vice-roi,

et je l'obtins ; je lui rappelai ce qu'il avait fait pour moi à la Moskowa ; et lui montrant la croix qui brillait sur ma poitrine : « C'est à vous, lui dis-je, prince, que je dois ce signe de l'honneur.

— Dites plutôt que c'est à vous-même que vous le devez, et ce que vous venez de faire me prouve encore davantage combien vous étiez digne de le porter. Vous retrouverez dans l'armée française la position que vous venez de perdre pour n'avoir pas voulu manquer au premier de tous les devoirs : la fidélité à la patrie. J'en prends ici l'engagement, et j'espère que l'empereur, qui sera instruit de votre conduite, saura plus tard la récompenser. »

J'étais heureux et fier de ces bonnes paroles. Je ne pouvais plus guère compter sur des récompenses de la part de l'empereur, car chaque jour on apprenait de nouveaux désastres et de nouvelles trahisons. N'importe, j'éprouvais cette satisfaction intérieure, la plus douce de toutes, qui suit l'accomplissement d'un devoir.

Du reste, il n'y eut point de combats entre l'armée napolitaine et celle du vice-roi, celle-ci se tenant sur la défensive, et l'autre dans l'inactivité ; chacun comprenait que la question se décidait ailleurs, et que c'eût été du sang inutilement répandu.

Quand on apprit l'abdication de Napoléon, sa retraite à l'île d'Elbe, le retour des Bourbons et le traité de paix signé à Paris, le vice-roi, après avoir assuré le retour paisible de son armée en France, se rendit chez son beau-père le roi de Bavière.

Pour nous, nous rentrâmes en France tranquillement et par étapes.

Je n'appartenais à aucun régiment de l'armée, et je ne pouvais réclamer la position que m'avait promise le vice-roi. Cependant le général G***, que j'avais connu en Italie, et qui était chargé comme inspecteur du travail de la réorganisation de l'armée, me fit comprendre parmi les nombreux officiers à demi-solde que la réduction énorme des cadres mettait en disponibilité.

Je me fixai à Lyon, où se trouvait un nombre considérable d'officiers dans une situation semblable à la mienne. Nous nous réunissions souvent, et le passé faisait le sujet ordinaire de nos conversations; puis souvent on se demandait si ce passé ne reviendrait pas; si l'exilé de l'île d'Elbe ne pourrait pas un jour sortir de sa retraite, et nous ramener au temps de nos triomphes et de notre gloire.

Quelqu'un de nous était-il dans le secret? ou bien n'est-on pas toujours porté à prendre ses désirs pour des réalités? Le fait est que, quand on annonça le débarquement de Napoléon sur les côtes de Provence, aucun de nous n'en parut étonné. Mais quel enthousiasme, quel délire, à mesure qu'il avançait dans l'intérieur! Je courus avec quelques-uns de mes camarades le rejoindre à Grenoble, et nous nous mîmes en route à sa suite avec le reste de l'armée. Bientôt chacun de nous retrouva de l'emploi selon son grade, et quand la campagne s'ouvrit, j'étais capitaine dans un bataillon formé en entier de volontaires et d'anciens soldats congédiés au retour des Bourbons.

Tous les rêves d'avenir et d'ambition que j'avais
formés soit au début de ma carrière militaire, soit
quand j'étais parti pour la campagne de Russie,
n'étaient rien auprès de ceux que mon imagination
enfanta lorsque je m'acheminai avec mon régiment
vers les frontières de la Belgique. Ce songe brillant
dura jusqu'à Waterloo ; mais quel épouvantable ré-
veil ! Je m'étais battu comme un lion ; au moment de
la déroute, je voulus résister encore, quoique abandonné de presque tous mes soldats ; mais je tombai
sur le champ de bataille criblé de blessures. Je fus
ramassé sans connaissance par les vainqueurs, porté
à l'ambulance, où je reçus les premiers soins, puis
enfin transféré à l'hôpital de Bruxelles.

Ce fut seulement là que je commençai à reprendre
mes sens. Quand j'appris les funestes résultats de la
bataille, et que je considérai la triste position où
j'étais réduit, je fus saisi du plus violent désespoir.
Je regrettais de ne pas être mort sur le champ de bataille, je maudissais ceux dont les secours m'avaient
rappelé à la vie, et si l'on m'eût laissé faire, j'aurais arraché les appareils de mes blessures. Un chirurgien m'annonça alors que la plus grave était à la
jambe gauche, et qu'on serait probablement obligé
de me la couper. « Non, non, m'écriai-je avec
force, vous ne me la couperez pas, vous n'êtes que
des bourreaux : je veux mourir ; laissez-moi tranquille. »

Une sœur, une de ces saintes filles que Dieu envoie

comme des anges consolateurs aux pauvres malades,
s'approcha de moi et voulut me parler avec douceur
et m'exhorter à la résignation. Je lui répondis par
des injures et des grossièretés que je ne répèterai
pas, et que j'ai bien regrettées depuis. La pauvre
sœur s'éloigna en silence et en pleurant.

Cet état d'exaltation fut suivi d'un accès de fièvre
et de transports alarmants. Les médecins déclarèrent
que mon état était fort grave. A la fièvre succéda un
profond abattement; je sentais mes forces anéanties
et la vie me quitter. Je perdis tout à fait connaissance, au point qu'on me croyait près de rendre le
dernier soupir. Je ne sais combien de temps je restai
dans cet état; mais quand je repris mes sens, j'é-
prouvai une faiblesse extrême, qui ne me permettait
pas de faire le moindre mouvement, ni de parler, ni
même d'ouvrir les yeux. Le sens de l'ouïe était seul
actif, et j'entendais distinctement ce qui se passait
autour de moi. Des voix douces et contenues répé-
taient alternativement des prières dont je ne perdais
pas un mot. L'une disait : « Donnez-lui un cœur vraiment repentant, et accordez-lui le pardon de tous ses
péchés. » L'autre répondait : « Nous vous en supplions, exaucez-nous, Seigneur. » La première reprenait : « Daignez lui donner la patience, et une parfaite conformité à votre très-sainte volonté. — Nous
vous en supplions, exaucez-nous, Seigneur, » répondait la seconde. « Détachez son cœur de toute affection
terrestre, pour lui faire concevoir le désir du ciel.
— Nous vous en supplions, exaucez-nous, Seigneur. »

Puis, après une pause, les mêmes voix reprenaient :
« Mère de miséricorde, priez pour lui ; Mère des
affligés, priez pour lui ; refuge des pécheurs, priez
pour lui. » Ensuite elles se mirent à réciter Notre Père
qui êtes aux cieux et la Salutation angélique, et je
répétais dans ma pensée cette prière à mesure qu'elles
la prononçaient.

Je ne saurais expliquer ce qui se passa dans mon
âme pendant que j'entendais réciter ces prières. Les
dernières paroles de mon colonel me revinrent en
mémoire : « Il faut être bon chrétien pour mourir en
paix. » Une sorte de voile épais qui me cachait Dieu
sembla tomber des yeux de mon intelligence. Je vais
mourir, me disais-je; je veux tâcher, moi aussi, de
mourir en chrétien.

Je fis alors un effort, et d'une voix très-faible
j'appelai une des sœurs, et lui demandai si je pouvais avoir un prêtre pour m'aider à bien mourir.
C'était la sœur que j'avais reçue si brutalement
quelques heures auparavant; elle n'en mit pas moins
d'empressement à répondre à mon désir, et quelques
minutes après, elle m'amena un ecclésiastique avec
lequel j'eus un long entretien. Loin d'être fatigué de
cette conversation, dans laquelle, à la vérité, il avait
eu le soin de ne me faire parler que le moins possible,
je me sentis comme soulagé d'un poids énorme. Le
médecin me trouva beaucoup mieux, et déclara que
si je consentais à me laisser amputer, il répondait
de ma vie. J'y consentis cette fois sans aucune diffi-
culté, et l'opération fut remise au lendemain.

Malgré l'assurance du docteur, j'étais persuadé
que je ne pourrais la supporter ; mais cette fois je
voyais venir la mort avec calme et sans désespoir.
L'aumônier revint me voir dans la soirée; il s'entretint de nouveau avec moi, et, après m'avoir confessé,
il annonça aux sœurs qu'il allait me donner le viatique,
qui serait ma première et peut-être ma dernière communion. Les bonnes sœurs vinrent tout préparer
pour cette cérémonie. Je voulus auparavant demander pardon à celle que j'avais grossièrement offen-
sée.

« O mon frère, me répondit-elle, il y a bien
longtemps que je vous ai pardonné, et puisse le
bon Dieu vous pardonner comme moi je vous par-
donne! »

Après avoir reçu le saint Sacrement, je sentis un
mieux sensible dans tout mon être. L'amputation de
ma jambe se fit sans accident; la guérison de mes
blessures suivit une marche régulière et normale.
Six mois après, je sortais de l'hôpital de Bruxelles
avec une jambe de bois, mais, à cela près, parfaitement rétabli. J'y avais trouvé mieux que la santé,
la paix de l'âme, que seule peut donner la religion.
Aussi, cette fois, je n'ai pas fait comme après mon
baptême; j'ai voulu m'instruire dans cette religion
divine, et plus je l'ai approfondie, plus j'ai reconnu
qu'elle est nécessaire au bonheur de l'homme dans
toutes les situations et dans toutes les conditions de
la vie; et qu'ainsi, loin de négliger son enseignement
dans les premières années, comme on l'avait fait

pour moi, elle doit toujours être la base de l'éducation.

Ici s'arrêtent les récits que nous avons recueillis de la bouche du capitaine Paul de Saint-Marc. Nous ajouterons, en forme d'épilogue, qu'il a persévéré constamment dans les sentiments religieux qu'il a montrés après sa sortie de l'hôpital de Bruxelles. Loin de regretter les grandeurs auxquelles il aspirait avant sa conversion, il dit parfois que sa blessure a été un bienfait dont il remercie la Providence, parce qu'il lui doit la connaissance d'une religion qui lui a appris la vanité et la futilité des biens et des honneurs terrestres, et lui a fait connaître le prix des véritables biens auxquels l'homme doit aspirer.

Après son retour de Belgique, il a vécu quelque temps avec la petite rente qu'il tenait de la princesse Pauline, et de leçons de langue italienne qu'il donnait dans des pensionnats. Comme il n'était pas porté sur les contrôles de l'armée française en qualité d'officier, il n'a pu obtenir de pension pour ses blessures sous la Restauration; mais après la révolution de 1830, il a été admis aux Invalides comme officier. Là, il a retrouvé le vieux sergent Beau-Soleil, qui était également revenu de ses préjugés contre la religion chrétienne. Souvent les personnes qui vont visiter le tombeau de Napoléon ont pu voir ces deux vieux

débris de nos anciennes armées agenouillés devant
la tombe de leur ancien empereur, et prier avec ferveur pour le repos de l'âme de ce grand guerrier,
qui, lui aussi, pour mourir en paix, a voulu mourir
en chrétien.

FIN.

NOTE

SUR

L'ILE DE SAINT-DOMINGUE.

Suivant Antoine Herrera, écrivain exact et judicieux, le nom d'Antilles avait été donné à cet archipel, dont Saint-Domingue fait partie, parce que, d'après une vieille tradition populaire, qu'il regarde au surplus comme fabuleuse, on marquait d'ordinaire sur les cartes marines une île située à deux cents lieues à l'ouest des Açores, laquelle était désignée sous le nom d'*Antille,* probablement la fameuse Thulé des anciens et des poëtes. Suivant cette tradition, l'île portait encore le nom d'île des Sept-Villes, parce que sept évêques, s'étant embarqués avec beaucoup de chrétiens d'Espagne pour se soustraire à la domination des Arabes, furent poussés par les vents sur les rivages de cette île, où ils abordèrent et où chacun bâtit une ville. « Il est très-vraisemblable, ajoute Herrera, que les premières terres que découvrit Christophe Colomb reçurent le nom d'Antilles, parce qu'on les trouva à peu près placées au point où les anciens géographes sup-

posaient l'ançiénne Antille. » D'autres écrivains ont pré-
tendu que le nom d'Antille vient du mot grec ἀντὶ ou
du mot latin *antë*, qui signifient à l'opposite, devant,
avant, soit parce qu'elles sont opposées au continent, soit
parce qu'on les rencontre avant d'y arriver.

Saint-Domingue est à peu près au centre de l'archipel ;
elle a cent soixante lieues de long de l'est à l'ouest, sur
une largeur moyenne de trente. D'après sa situation entre
les 18e et 20e degrés de latitude, on pourrait croire que les
chaleurs y sont excessives pendant les six mois que le
soleil passe au nord de l'équateur ; mais les vents alizés,
qu'on appelle aussi *brise de mer*, rafraîchissent l'atmo-
sphère ; toutefois, comme ils ne se font guère sentir sur
les côtes que lorsque le soleil monte sur l'horizon d'environ 40 degrés, ce qui n'a lieu que vers les neuf heures
du matin, le commencement de la journée est presque
toujours chaud et pesant. Cette brise décroît à mesure
que le soleil baisse ; elle tombe après le coucher de cet
astre ; ce qui n'a lieu au surplus que sur les côtes, car,
en pleine mer, le vent, comme je vous l'ai dit, souffle
constamment de l'est.

Ce qui contribue encore à diminuer la chaleur, ce sont
les pluies abondantes qui tombent dans la saison que nous
appelons été ; mais, tout en produisant quelque fraîcheur,
ces pluies engendrent une humidité dont les effets sont
très-fâcheux. La viande la plus saine ne se conserve pas
vingt-quatre heures, les fruits s'y pourrissent si on les
cueille mûrs, et, si on les cueille avant leur maturité, ils
n'ont point de saveur et se gâtent de même, bien qu'un
peu plus tard. Le pain se moisit en deux ou trois jours ;

au bout d'un ou deux mois, les vins s'aigrissent; dans une nuit le fer se charge de rouille, et ce n'est qu'avec bien de la peine qu'on peut conserver le riz, le maïs, les fèves, d'une année à l'autre, pour les semer.

De même que dans l'Inde, l'île offre deux climats diffé-rents : quand la partie du nord est inondée par les pluies, la partie du sud n'en a presque point; c'est que l'île est traversée, dans le sens de sa longueur, par une haute et grande chaîne de montagnes, dont les sommets s'élèvent jusqu'à la hauteur de 2,800 mètres, et que les nuages chargés d'eau qui viennent du nord, arrêtés par ces som-mets, sont obligés de se résoudre en pluie. A peine si quelques vapeurs légères, traversant les montagnes, vont répandre quelques gouttes d'eau sur les terres placées au delà du versant méridional; mais, le mois d'avril venu, c'est tout le contraire, et des torrents d'eau y tombent des nuages, poussés par la brise, qui est alors dans toute sa force, tandis que sur la côte septentrionale plusieurs se-maines se passent sans pluie; par une sorte de compen-sation, pourtant, la saison des pluies est toujours suivie de brouillards et de rosées abondantes.

Quant à l'ordre des saisons, les habitants de l'ouest et du sud appellent hiver le temps des orages, depuis avril jusqu'en novembre. Ceux du nord appellent hiver les trois mois de novembre, de décembre et de janvier; mais ni les uns ni les autres n'ont de printemps ou d'automne.

Toutes ces causes réunies rendent le climat très-malsain pour les Européens qui arrivent. Le visage perd sa cou-leur, l'estomac s'affaiblit, les forces s'épuisent par la transpiration trop active; le sang se corrompt; et, tandis qu'en Europe on recherche des boissons rafraîchissantes quand on souffre de la chaleur, à Saint-Domingue on désire les boissons fortes et spiritueuses. Aussi les Européens n'y vieillissent pas. Mais, pour être juste, il ne faut pas accuser le climat de produire de plus grands maux qu'il n'en cause réellement. Les Européens y ont souvent ruiné leur santé par le peu de soin qu'ils ont pris de la ménager, par l'abus des liqueurs fortes, par les excès en tout genre. On sait que les anciens insulaires vivaient très-longtemps, et encore aujourd'hui les nègres y sont forts et robustes. Les Espagnols, qui habitaient la partie dite espagnole, y jouissaient aussi d'une santé vigoureuse, parce que trois cents ans de séjour les avaient acclimatés.

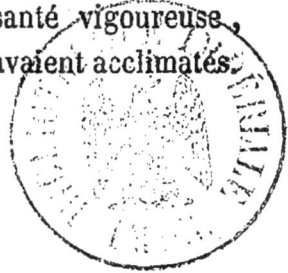

TABLE

———

Tours. — Imp. MAME.

www.ingramcontent.com/pod-product-compliance
Lightning Source LLC
Chambersburg PA
CBHW071950110426
42744CB00030B/728

9 782012 677500